轻松应对孩子40种难缠行为

许育成◎著

CNS 湖南科学技术出版社

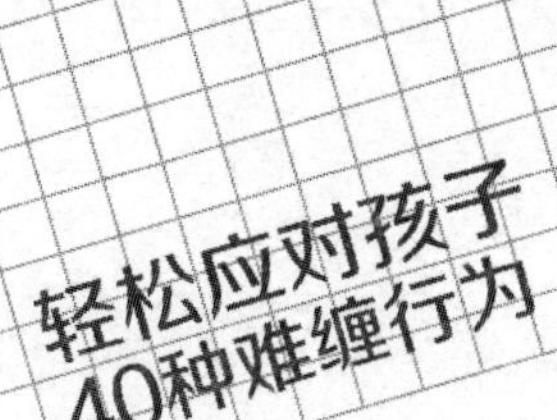

CONTENTS

目录

作者序　以最大的耐心教导难缠的孩子 / 001

一、左摇右晃走不稳 / 001

1. 走路老是跌倒 / 002

2. 迟迟不跨出自己的第一步 / 005

二、一刻都闲不下来的捣蛋鬼 / 009

3. 东摸西碰，东敲西打 / 010

4. 喜欢乱丢掷东西 / 013

5. 喜欢翻箱倒柜 / 017

6. 故意失手打翻东西 / 021

三、餐桌上的叛逆小玩家 / 025

7. 丢食物与喷食物 / 026

8. 一团凌乱的自我喂食 / 029

9. 餐桌上的不安分小食客 / 032

10. 餐桌上的老莱子 / 034

四、结结巴巴又叽里咕噜 / 039

11. 结结巴巴说不出话来 / 040

12. 叽里咕噜并非天语 / 043
13. 表达能力退步又自言自语 / 047
14. 学习语言很迟钝 / 049

五、情绪压抑的小闷锅 / 053

15. 文静又压抑 / 054
16. 个性温顺又软弱 / 057
17. 不准父母和访客交谈 / 060
18. 假想的朋友 / 063

六、害怕挫折的小可怜 / 067

19. 遇到挫折就退缩 / 068
20. 穿衣战争 / 071
21. 就是要自己穿衣服 / 074

七、宝贝爱生气 / 079

22. 动不动就闹情绪 / 080
23. 只对父母发脾气 / 083
24. 宝贝爱生气 / 086

八、对玩伴不友善 / 091

25. 慷慨变成自私 / 092
26. 不顾及别人的感受 / 095
27. 对待玩伴恶毒又刻薄 / 098
28. 没有互动的团体游戏 / 101

九、天啊！宝贝的玩伴有问题！ / 105

29. 宝贝的玩伴有问题 / 106

30. 交到具攻击性的朋友 / 109

31. 不懂得如何交朋友 / 112

十、被宠坏的小皇帝 / 117

32. 走没两步就要人背 / 118

33. 什么都要的小孩 / 121

34. 什么都不缺的小孩 / 124

35. 霸道又喜欢使唤别人 / 127

36. 在校平静，在家狂野 / 130

十一、“性”趣无穷 / 135

37. 我的小鸡鸡会不会不见？ / 136

38. 撞见大人正在做爱 / 138

39. 喜欢探索私处 / 141

40. 宝宝是从哪里来的 / 144

作者序
以最大的耐心教导难缠的孩子

学龄前的孩子原本就不容易相处，和一个特别难缠的幼儿相处，经常会令人神经紧绷到难以忍受。对付一个无法专注、坐不住或静不下来的孩子，的确会令人感到精疲力竭。更糟糕的是，父母原本的好意经常会动辄得咎，惹得幼儿大闹脾气。

孩子因为进入人生第一个叛逆期，也就是令所有父母头痛不已的“麻烦的两岁”，或是因遭遇家庭变化与压力，或因生病，会变得特别难缠，但这种行为并非天天上演，而是暂时性的。

真正会把父母逼疯的是，孩子天生的难缠性情。这些难缠天性包括七大类型：活动力特别强、容易分心、无法适应任何改变、遇到困难容易退缩、高分贝尖叫、极度敏感或整天闷闷不乐等类型的孩子，不论你的孩子是属于哪一种类型，都可能会让你苦思不出应付的对策，他们是标准的“磨人精”。

然而，孩子的天生气质并不是他们的错，也非他们有能力可以改变的。当他们顺着本性行事时，并不表示他们很“坏”，或故意要折磨你，他们只是在“做自己”。为了他们所不能控制的行为而惩罚或批评他们是不公平的。

应付难缠孩子的最佳策略，就是接受他们的天性，欣赏并培育他们的天性，使其成为孩子的资产而非负担，更不要想把孩子变成你理想中的乖小孩。所以拿出你最大的耐心，好好和你的“磨人精”交手吧！

一、左摇右晃走不稳

1 走路老是跌倒

母亲甲：“我女儿已经两岁多了，和她年纪一样大的孩子都已经能够走得很稳，但她却很难很稳地走上五分钟而不跌倒。我们很担心她是不是手脚协调有问题？或身体的什么地方出了毛病，导致她平衡感不好？”

母亲乙：“我儿子学会走路已经一年多了，但他还是显得很笨拙，每天还会摔个几次。他是不是手脚协调有问题？”

母亲丙：“我儿子走路时常会撞到桌椅或人，他是不是视力有问题？”

教养诊疗室

对刚学会走路的幼儿来说，步伐不稳是很正常的。造成他们走路老是跌倒、摔跌的原因，有可能是缺乏平衡感与协调方面的经验与训练所导致，只要通过不断练习与经验的累积，便能逐渐改善这项问题。

除了平衡感与协调的问题外，会导致幼儿容易跌倒、摔跤的原因还包括：

- **远视：**此年纪的幼儿大多数都有些远视，看不清楚近距离的事物，因而时常会撞到东西而跌跤。

• **无法控制速度：**幼儿常会因为无法控制自己的速度，一时之间停不下来，无法及时闪避地上的障碍物或眼前的家具。一旦他们掌握这项技巧，跌倒或摔跤的频率就会大大降低。

• **因好奇而分心：**幼儿天生就是好奇宝宝，常会因为过度好奇，走路时心思全部被周围其他事物所吸引而分心。由于他们无法一次专注在一件事情上，于是就会出现“走路时不看路”的情况，结果必然是跌跌撞撞。

• **欠缺判断能力：**幼儿的判断力落后于他们的运动技巧，也是害他们经常摔跤的重要因素。

一般来说，幼儿得等到三岁以后，步伐才能走得平稳、方向确定。在此之前，跌倒、摔跤是无法避免的事，而父母能做的就是小心注意幼儿周遭的环境安全，设法预先排除可能会造成幼儿摔跤、受伤的物品及减低其跌倒所受到的伤害。

育儿小贴士

★选择地毯让幼儿练习走路：

地毯对于学步儿是极佳的选择，若家中未铺地毯，也要尽量避免让幼儿在坚硬的地面上练习走路，尤其像石板、瓷砖、石头或砖块等地面。

★排除会伤害幼儿的家具与电器：

在幼儿经常活动或经过的地方，必须预先检查是否有带锐角的家具；若有，最好移开或加上防撞保护。摇晃不稳的桌椅则暂时收起来，以防幼儿攀爬。抽屉、柜子和电器的门要关好。地上的电线要用胶带固定好，以免绊倒幼儿。别让幼儿独自在楼梯、浴室等较易发生危险之处逗留或玩耍。

★穿具保护功能的衣服：

穿具保护功能的衣服，也可以减少幼儿练习走路时受伤。衣服的选择上，长裤比短裤或小洋装好，厚且柔软的料子比薄棉织品理想。裤管的长度以不超过幼儿的足踝为原则，以防幼儿踩到而跌倒。至于鞋子的选择，如果气候温暖，可以让幼儿赤脚或帮他穿上防滑袜或防滑拖鞋。若一定要穿鞋子，则要选择有足够摩擦力的鞋子，以避免幼儿摔跤。

★准备软垫或枕头：

如果孩子是好动宝宝，喜欢爬上爬下，那么就要在他经常攀爬的地方，放一些软垫或枕头，以防他不小心跌下撞得鼻青脸肿。

★不要过度保护：

由于幼儿全身充满脂肪，因此轻微的摔跌并不碍事。过分保护幼儿是不明智的做法，无论如何，幼儿还是必须经历一些跌跌撞撞的经验，才能学会稳健行走的技巧。过度反应与过度保护，只会抑制幼儿好奇探索的天性，减弱他在走、跑、爬、跳等运动发展的原动力，更会造成幼儿不必要的胆怯及懦弱。

2 迟迟不跨出自己的第一步

母亲甲："我女儿已经一岁半，早该开始走路了，但她到现在却连尝试都不愿意，即使我扶着她，她还是不敢跨出第一步！"

母亲乙："我儿子已经 18 个月大，但却是他那一群游戏同伴中，唯一还未跨出第一步的小孩。他各方面看起来都很正常……但却迟迟不会走路，这件事令我们不得不忧心。"

母亲丙："一直以来，我女儿不论是在翻、爬、坐等学习上，都比同年纪的幼儿缓慢。现在她已经快两岁了，却还不敢自己攀住东西站起来，除非我或我先生扶着她。她在说话、手的协调方面都很正常，医生也叫我们别担心，可是说起来容易……"

教养诊疗室

大多数幼儿在 18 个月大时，都可以自己走路，当然有部分幼儿会晚一些，不过，晚一点才开始学走路，并不表示他将来就会走得不好。

开始学走路的时间因人而异。平均而论，正常的幼儿大约在 13~15 个月期间，会踏出第一步，但也有些幼儿在

10~11 个月大就跨出第一步，有的则晚到 16~17 个月。虽然孩子的学步龄落在这个正常范围外，但并不表示他的聪明才智或日后的运动技能会比别人差。这些迟缓的学步儿一旦开始走路，通常很快就会跟上其他小孩的发展速度，可能才刚起步，过不了几个星期就会跑了。

有些幼儿之所以迟迟不敢跨出第一步，可能是因为爬得太好了，所以不想站起来走路；有些则是先前有过跌倒的经验，心生畏惧而不敢再轻易尝试；当然，大动作运动发展迟缓也会延后学习走路。

首先，带孩子做详细的检查，请医生找出确实的原因。如果孩子不会走路的问题不是发育所引起，那么父母就可以利用以下方法鼓励孩子早日学会走路。

★带领孩子练习：

父母可以握住孩子的手帮他站起来，然后带领他一步一步慢慢练习往前走。有父母的协助与保护，孩子会比较勇敢地往前跨出步伐。

★鼓励孩子扶着家具走动：

鼓励孩子扶着东西站起来，或扶着家具走动，别一天到晚坐在高脚椅或娃娃车里，或是长时间关在游戏围栏或婴儿床内，这样才能锻炼孩子双脚的肌肉，让他比较有信心走路。

★赞美孩子的努力：

鼓励、赞美孩子在学走路上的努力，但如果他还学不会站，也学不会走时，不要轻蔑或嘲笑他。

★利用玩具分散孩子的注意力：

如果孩子害怕，可以趁他站立时，给他一件软而安全的玩具拿着，或让他握着你的手，当他一分神，就可能不知不觉地向前迈开步伐了。你也可以将他心爱的玩具拿到他面前几步远的距离，鼓励他走向前拿玩具。或利用可以推着走的玩具，也是不错的选择。

★不要让孩子长时间看电视：

有些忙碌的父母会很喜欢电视的便利性，只要打开电视机，孩子就会马上安安静静、不吵不闹，父母就可以做家事或忙自己的事。但这不但阻碍了幼儿学习走路的机会，也让幼儿的肌肉无法得到有效的锻炼，当然就会迟迟无法走路了。

★避免让幼儿过度肥胖：

近几十年来，儿童肥胖的问题愈来愈严重。由于高热量的快餐加上长时间呆坐在电视机前，导致身体新陈代谢率降低，又减少做运动的时间，体重也就随之快速上升。试想，撑着过重的身躯走路，是一件多么辛苦的事！过度肥胖绝对是让幼儿抗拒走路的重要原因之一。

★避免使用学步车：

如果孩子还在使用学步车，应该马上停止使用。学步车不仅会让幼儿经常发生危险，还会降低幼儿学习走路的意愿，由于使用学步车练习走路的方式和幼儿自己练习走路的模式极为不同，幼儿一旦习惯学步车的省力方式，就会不想费力地学习自己走路。

如果在尝试了所有的方法后，孩子还是没有自己攀住东西或家具站起来或试着让自己站起来的迹象，很可能是因为他还未准备好要学走路。不过，父母应该让孩子的医生知道这样的情形，请医生帮忙找出原因。

二、一刻都闲不下来的捣蛋鬼

3 东摸西碰，东敲西打

母亲甲：“我儿子看到任何东西都要摸一摸、碰一碰，经常弄坏家里的东西。一到外面，这样的行为常会使他陷入危险。我们真的很头痛，不知该怎么办才好?”

母亲乙：“有时候我都忍不住会想，是不是要把儿子送去学打鼓，因为他不论看到什么东西都要敲一敲，不论是餐桌还是电视机，就连昂贵的古董花瓶也不放过。我常担心他会敲坏东西或弄伤自己。”

幼儿经常因为好奇而东摸摸西摸摸，或成天敲敲打打的，他们或许会弄坏一些东西，但他不是故意的。这种事对他们而言，既正常又普遍。别忘了，此年龄的幼儿原本就有极强烈的好奇心，是十足的探险家兼科学家。他们视线所看到的东西，都是可以自由利用的实验品。

可惜他们这种冒险犯难的精神和行为，不但没有得到大人的欣赏与赞美，反而换来一连串的谴责，尤其当父母正在讲电话或专注于工作中，或心情不佳时，或在餐厅与朋友、家族聚餐时，幼儿所制造出来的噪音更令人感到刺耳。“不可

以碰！”“安静一点！”大概是幼儿最常听到的话。

只是，天性使然，幼儿无法控制自己不碰或抓、戳、挤、摸一些东西，而父母也无法，更不该限制幼儿对世界的探索欲望，因为接触是他们进一步了解这个世界的唯一方法。父母应该鼓励幼儿进行探索，但必须设立一个标准，让他们可以避开危险的事物。也不该抹杀幼儿的“小鼓手”潜力，但应该设下一些限制，让家中其他成员可以安宁过日子。

育儿小贴士

★立刻阻止危险物品的触摸与敲击：

做好家庭幼儿安全防范措施才是父母最重要的任务。如果你不打算将珍贵的装饰品收起来，就应该训练幼儿如何对待艺术品，教他如何小心触摸而不会打碎它们。看到幼儿敲击电视机、玻璃桌面、玻璃窗或盘子等易碎物品，而且可能对自己造成严重伤害时，父母必须立即阻止他，告诉他“不可以敲”。如果他还是继续敲打，就立刻给他一件替代品转移他的注意力。

尽可能不要带幼儿到一些摆设易碎品的地方或精品店。如果要拜访幼儿的祖父母、外祖父母或朋友时，你应先建议他们收起这些贵重、易碎的东西，以免小孩来访时被弄坏。如果带幼儿上卖场采购东西时，可以请他帮忙拿一些小物品，或把选购的东西放入推车里，总之，想办法让他的两只小手忙碌，减少他东摸西摸或敲东西的机会。

★态度明确且坚定地告诫：

敲击东西虽然会令大人感到烦躁、不悦，但绝不要因此对幼儿吼叫。父母应该态度严肃、语气坚定地告诉他，不可以那样做。幼儿并不会因为一次的阻止，就劳记教训并不再犯，因此父母必须一而再、再而三不断重复阻止，直到他真的了解你所发出的讯息为止。在这期间，幼儿很可能会故意敲敲看，试探父母对此事的坚决程度。所以对同一件事情，父母本身的态度要明确坚定，绝对不要三心二意。

★贯彻所设定的限制：

父母应教导幼儿哪些东西可以触摸、可以敲打，哪些东西绝不可以碰。例如：炉灶、碗柜、刀架、计算机、录放机及其他不许幼儿碰触的东西，一旦幼儿要碰触时，父母就得立刻阻止他，并且转移他的注意力。这些规定都必须经过不断地重复训练，才能让父母所设定的限制深植幼儿心中，在确定幼儿能遵守这些限制时，就可以让他们尽情地在安全的情况下，探索接触周围的一切，满足他们的好奇心。也可以给幼儿一根木汤匙和一个旧锅子，或买玩具鼓、玩具槌子，让他玩、让他敲个够。不过，汤匙或鼓槌最好用布包起来，避免刺耳的声音吵得全家人不得安宁。

★训练、指导与监督：

如果幼儿很想触碰计算机，父母干脆把工作暂时放到一旁，将他抱坐在膝上，让他尽情地在键盘上打个够；如果他想学你挤牙膏，你可以教他如何挤，并指派他为全家人挤牙膏，但你必须在一旁观看，以免他把牙膏挤得到处都是；如

果他想开电视，教他如何操作，但必须告诫他，一定要有大人在旁才能打开电视。

★在公众场所切勿让幼儿大敲特敲：

身为父母，你别无选择必须容忍自己小孩所制造的噪音，但别人并没有义务容忍这类的事情。因此，当幼儿在餐厅拿起刀叉敲盘子时，即使不会造成危险，父母也应该阻止。在抱幼儿入座前，最好先将他面前的餐具移开，给他纸和蜡笔让他画画。或者也可以就地取材，利用餐巾或菜单和他玩躲猫猫等较不吵的游戏。再不然，就先陪他在餐厅外玩，等到食物上桌时，再进去用餐。

★幼儿逾矩时，不要过度反应：

当幼儿有逾矩行为时，应该及时阻止，但不需要过度反应。因为当幼儿看到大人的激烈反应时，他就会一再重复那些动作——不论是正面或负面的反应。所以遇到幼儿有不适当的举止行为时，父母应该以低调的方式转移其注意力。

4 喜欢乱丢掷东西

母亲甲：“我女儿最大的乐趣就是把拿到手的东西往地上丢，而看到我跟在她后面收拾残局的样子，她就丢得更起劲。”

母亲乙：“我儿子不会乱丢东西，却很喜欢用力摔掷东西！他会把地上的东西捡起来，再用力摔回地上或往前投掷。我很担心他会摔坏东西或砸到别人！”

教养诊疗室

学会一项新技能，对幼儿而言，是一件多么令他兴奋的事！他们不会思索东西一旦离开他们的小手后，会有什么样的下场。等到心智再成长一些时，丢东西或摔东西会变成他们一项重要的实验，他们开始会思考：“东西被我丢到地上或用力摔到地上后，会变成什么样子？它们会跑去哪里？”

事实上，很多孩子会发现，乱丢东西或把东西用力摔在地上的娱乐价值很高，甚至比玩具更有趣，只是他们并未料想到这样的乐趣，可能会惹火父母。

绝大多数的父母在第一次看到孩子学会丢东西或摔东西的动作时，除了觉得孩子的动作真可爱外，也很高兴孩子的手指已经有足够的控制力，能把东西拿起来并放开。甚至，在看到孩子会用力把东西摔在地上时，还暗自窃喜家里有了一名小投手。

然而，这种喜悦却很快就被愤怒所取代，很快地，父母会发现，他们必须因为不停地弯腰收拾那些撒落在地上的物品而腰酸背痛；更可怕的是，家中这名小投手除了不断摔坏东西外，还经常砸坏其他东西（例如：电器或摆饰）或砸伤人。这样的行为很快就成为父母的一场噩梦。

在此时，父母如果刻意阻止并严禁孩子丢掷东西，只会让他们更变本加厉。身为父母，此时应该采取的行动是，在不危及家人及幼儿安全的前提下，尽可能鼓励幼儿这项新的投掷技能。这听起来好像有些矛盾，其实不然，以下几项建议与步骤，可以让父母循序渐进地鼓励孩子放弃乱丢东西的习惯，并把孩子摔掷东西的习惯转为正向技能。

育儿小贴士

★别发怒也别抱怨：

发怒与抱怨只会让孩子更变本加厉。对幼儿而言，当他们知道某种行为会引起父母的厌烦时，他们反而会乐此不疲地重施故技，好让父母的注意力一直停留在他们身上。因此，绝不要让孩子的心机得逞。与其对他大声咆哮，不如表现出不在乎的态度，慢慢地，他就会觉得丢摔东西是一件无聊的游戏。

★干脆把孩子放在地面上：

当孩子心血来潮又想乱丢东西，而你却没有时间或心情收拾时，不妨干脆把他放在地上，让他可以尽情地玩他的“丢和摔”的游戏。一旦他察觉你不想对他的“行为”有反应时，他反而不再那么兴致勃勃地继续“丢和摔”的行为了。

★玩“捡东西”比赛：

要孩子把东西捡起来，其乐趣绝对比不上把东西丢掷在地上。但玩一些“捡东西”的游戏，至少可以让乱丢东西的行为不那么令人厌烦，也可以让孩子帮你分担一些收拾的工作。例如：你可以和孩子玩“捡东西比赛”的游戏，对他说：“看谁能在最短的时间内，把丢在地上的玩具通通捡起来。”

或“捡最多的人，这个星期可以吃一个冰淇淋”！

★训练投球技巧：

如果孩子真的很爱投掷东西，就鼓励他练习把东西丢进容器里，或刺激他是不是能精准地把玩具投入玩具箱里、把葡萄干丢进面糊里、把信件投入邮筒中等。或设立一个安全的环境，提供各式各样的球，包括：海滩球、网球、各种大大小小的橡皮球，让孩子尽情地丢掷，以满足他投掷东西的欲望。

★丢错东西，立刻制止：

父母必须很清楚地让孩子明白，哪些东西可以丢掷（例如：各种大大小小的球类、沙包等），哪些东西不可以丢掷（例如：玩具、书本、餐具、杯子、衣服等）。当你看到孩子正在丢，或正要丢一个不可以丢掷的东西时，必须马上把东西从他的手里拿开，然后简要地向他解释乱丢掷东西的后果。例如：“如果你乱丢掷积木，会砸到人，会害人受伤、会痛！”“如果你用力摔玩具汽车，你心爱的汽车就会断成两截，以后你就没得玩了喔！”

★态度坚定，绝不心软：

孩子若因为你的制止而闹脾气，甚至大哭大闹时，父母也绝不能心软地对他妥协。你可以拿其他可以丢的东西让他丢掷。若他还是继续闹脾气，就把他的注意力转移到其他的活动上。

★帮孩子提供情绪出口：

不论是幼儿或成人，任何人都难免会因为挫折或愤怒而有摔掷东西的冲动。成人的心智成熟，懂得自我控制与反省，并寻找合理且健康的发泄管道，但幼儿就没有这项能力，因为他们尚未学习如何处理这种反复无常的情绪冲动。如果你察觉孩子是因为愤怒或其他情绪上的因素而摔掷东西，要试着提供适合的方式，帮助他解决情绪上的问题。

5 喜欢翻箱倒柜

母亲甲：“我那三岁的女儿只要看到可以打开的家具或盒子，便会把里面的东西都翻出来，包括：书桌抽屉、衣柜抽屉、垃圾桶、玩具收纳箱等，无一幸免。我们不停地教她要物归原处，但怎么都教不会。”

母亲乙：“我儿子在房间里玩耍时，不会只拿他想要玩的玩具，而是把玩具箱里的所有东西都拿出来，却不懂得把它们收回玩具箱里。我们是不是应该开始教他保持房间整齐，或要他收拾玩具呢？”

教养诊疗室

对年幼的孩子而言，把房间弄得一团乱，把家里的抽屉、垃圾桶、玩具箱的东西都掏出来，并不是一件可笑的事。这是他们成长过程中的一个重要阶段。幼儿对于整齐、清洁的定义与父母不同。当你环视孩子的房间时，你看见满地的玩具、书籍、图画纸、断裂的蜡笔，凌乱到令你想掉头离开，眼不见为净。

但在孩子的眼里，它却是一间温暖又舒适的房间，而且这种情形只被允许在他的房间里发生。学前幼儿之所以喜欢比较凌乱的房间，是有其原因的。

首先，当他被自己所拥有的东西环绕时，他可以接触、感觉这些东西，并与这些东西互动，这可以为学前幼儿带来安全感。其次，幼儿的游戏往往是进行式，当他放下手上的猴子布偶，转身拿拼图玩时，并不表示他已经帮布偶看完诊了。在他完成看诊程序前，你若将他的布偶收起来，是不当地打扰了他的幻想。

虽然凌乱的房间会让孩子有安全与温暖的感觉，但并不表示他的房间不需要保持整洁、干净。三岁以上的幼儿绝对有足够的能力了解父母的要求，因此，你应该向孩子解释保持房间整洁的原因：

- 东西散落一地，很可能会害家人踢到或踩到而跌倒。
- 漂亮的书本或玩具放在地上，会被别人踩坏。
- 玩具不收拾好，下次要玩的时候会找不到。
- 把书放到书架上，把玩具放回玩具箱里，房间就会变得整齐又漂亮。

这些解释也许无法让孩子立刻改变把所有东西掏出、翻出的行为，但却能让孩子慢慢建立观念并产生影响，让孩子知道父母的规则或限制，也让他了解这些规则和限制都是有其理由的。学习收拾不仅对孩子的价值观有益，也会使他在面对托儿所及小学生活时，对自己的行为产生好感。

该如何训练幼儿养成“收拾”的习惯？父母不妨试试以下的方法。

★提供安全的物品让孩子翻、掏：

不要让幼儿接触危险的物品。比较低矮的柜子、抽屉、衣橱，必须装置针对学步儿设计的安全锁，以免孩子接触到危险物品而受伤害。因为在此阶段，孩子还未有能力控制自己的冲动，而不碰触被严禁接触的物品，所以父母必须时时刻刻确保那些具危险性的物品，放在孩子接触不到的地方。

另外，父母可以将色彩鲜艳的布料等，放进孩子的玩具箱内，但是别给孩子绳子或彩带类的物品，以免发生意外。父母若不想在低矮的家具上加安全锁，则可以在抽屉里放一些旧的金属锅子、盖子、木制汤匙。在矮柜上摆放不易撕坏、厚皮的书。在浴缸里放一些塑料杯、塑料瓶子等，满足孩子喜欢掏出或翻出东西的欲望。

★以游戏方式引导孩子收拾：

试着将收拾工作当成愉快的亲子游戏。与其对孩子大声叨念：“立刻把玩具收好！”不如愉快地对他说：“今天玩具们陪你玩了一整天，很累了，它们想回玩具箱休息、睡觉了。你可以把它们放回玩具箱吗？等它们睡饱，明天再陪你玩……”

或者，你可以和孩子玩“把东西放回去”的游戏，借此教导他如何把拿出来的东西放回原处。告诉他“你把那个玩具放回玩具箱”、“我们来看看你可不可以在铃响前把所有的娃娃衣服捡好”、“在我数到十的时候，我们看谁放最多的蜡笔到盒子里”或“看看谁可以先把玩具箱装满”等游戏。

“放回去”是一项比较难的技巧，而且缺乏满足感，所以别期待孩子在把东西放回去时，会像他拿出来那么认真。但如果你表现得很愉快，而不是皱眉、抱怨或叨念，你比较能够说服孩子：“收拾”其实并没有想象中那么困难。

★晚上再收拾：

有可能你跟在孩子后面收拾了一整天后，到了晚上，发现房间仍是一团乱。有些父母会采取比较实际的做法，就是白天任由它一团乱，到了晚上再开始收拾。这样不但不会打断孩子的游戏，孩子可以玩得自在，不用担心玩具一转眼就被收走。而父母也可以省下不少精力与时间。不过，在孩子到了三岁以后，最好开始鼓励他在游戏之后把玩具收好。我们无法预期孩子在此年纪完全服从，但可以灌输将来会实现的概念。

★不要要求完美，但赞美孩子的努力：

如果孩子似乎很喜欢凌乱，不要坚持要他保持房间非常整齐，只要寻找父母和孩子在标准之间的一个快乐平衡点。记住，这是孩子的房间。但只要孩子帮忙收拾，即使在你收拾了满地的蜡笔中，他只帮忙收拾一支；或他热心地帮忙把玩具放回箱子里，却只放了一半，还有一半留在地板上；或他帮忙把熊熊放回矮柜上，但却随便一放而不是整齐地排好……父母都要肯定他的热心与努力，赞美他："谢谢你帮了妈妈一个大忙。"而不要批评他："你为何不能把熊熊排整齐呢?"这样他以后一定会愈做愈好。

★不要给孩子压力或处罚:

如果孩子无法养成把东西归位的习惯，也别给他压力或处罚。父母只需提醒自己，这是孩子要学习的一个经验。父母要做的是，尽量让孩子了解，不停地把家中所有的东西都翻拿出来是不应该的；再不然，就干脆把东西放在孩子拿不到的地方。

6 故意失手打翻东西

母亲："四、五岁的幼儿不小心打翻东西好像还满正常的，感觉不是很糟。但我儿子最近突然发现打翻饮料是一件很有趣的事，于是经常'故意'不小心把饮料打翻在地板上、桌上或他自己身上。我真不知道该笑还是生气。该怎么做比较好?"

当孩子"故意"不小心打翻饮料时，父母最好什么都不要做，也不要有任何反应。若父母为了孩子打翻牛奶、果汁或水而发怒或大笑，都只会让孩子继续重复这样的举动，用

以引起父母的注意。此时，父母应该要有的反应是：试着吞下自己的怒气或忍住笑声，并保持冷静。

幼儿打翻东西通常是意外，因为他们无法拿稳杯子。意外打翻东西是幼儿成长发展的必然过程。端着杯子而不把它打翻或泼出一些液体，对一个成人来说，是再简单不过的事，但对运动肌肉发展与协调性都还未成熟的幼儿而言，却是一项十分困难的动作，幼儿的注意力、协调性及细部动作仍需要一段时间的训练，才有办法完成这项动作。

不过，有些幼儿却会故意打翻东西，他们故意打翻饮料的动机，通常是好奇心多于顽皮。他们会想要知道：“如果我把杯子翻过来，会发生什么事?”“如果我把墨汁打翻在地板上，地板会变怎么样?”许多成人都以为，孩子一旦观察到某个行为的结果后，好奇心便会得到满足，也就不再需要重复进行那些实验。

但事实并非如此，幼儿会毫不厌倦地一再复制实验，所以当你发现孩子热衷于“打翻东西”这件事时，你就要做好心理准备，至少接下来的几个月内，你会有许多机会帮孩子清理他打翻的东西。

若要改变孩子不小心打翻饮料的行为，就要让孩子有更多的机会练习拿杯子的技巧；而要终止孩子这种“故意”不小心打翻东西的举动，就需要他的配合才行。总之，不论孩子是不小心或故意，父母都要准备好耐心、幽默感、强力吸水海绵以及下列方法。

★选择适合的杯子：

有些不小心打翻饮料的行为，可以透过使用正确的杯子来防止。父母可以选择能让幼儿的小手握住且底部加重的小杯子。如果孩子不反对，杯子最好还要附加盖子及吸管。孩子喝饮料时，每次只倒少量的饮料到杯中，等喝完或孩子要求时再添加。当孩子暂时不想喝时，要把杯子放到远一点的地方（至少一个手肘以外的范围），以防孩子不小心打翻。

目前市面上有生产一种“防泼洒”的茶杯，可以百分之百地防止饮料泼洒出来，可惜的是，它无法让孩子练习如何熟练地使用杯子或玻璃杯。因此，除非是必要时刻（例如：在车上、到朋友家拜访，或刚把最好的桌巾拿出来使用时）才使用，平时还是要尽量让孩子练习使用杯子。

★注意家中其他危险地带：

例如：当孩子把杯子放在桌子边缘时，很容易因为轻微碰撞，就导致杯子掉落。此外，绝不要让孩子在家中任何会造成很大混乱或损害的地方喝饮料，例如：在地毯上或没有遮盖的家具上。其他如厨房、餐厅或起居室，也都是喝饮料的禁区，避免一旦打翻饮料，就造成难以收拾的后果。

★这是孩子的天性，别怪罪他：

不要因孩子做出其年龄应有的行为而怪罪他。打翻饮料或牛奶的意外，应该将它视为单纯的意外，即便孩子在一餐饭的时间一再打翻，也不该怪罪他。这种行为正是此时期孩子的天性使然。对一名幼童而言，吃饭和饮水都还在努力学习的阶段，如果因为意外打翻而遭到斥责，孩子的自尊可能会受伤。试想，当客人不小心打翻饮料时，你的反应是什么？用那样的反应对待孩子。

★给孩子一块海绵而非一顿责骂：

当孩子故意打翻东西时，与其对他大吼大叫或唠叨不停，不如采取较正面的方法，要求孩子帮忙清理，如此将更有助于预防下一次的打翻。此种方法同时也让孩子面对自己行为的后果，可培养孩子责任感。

★当孩子故意打翻饮料时，父母立场要坚定：

当孩子故意打翻东西时，父母的立场要坚定，没有怒斥，而是清楚表示："故意打翻东西是不被接受的。"如果孩子仍故意打翻饮料，父母可以告诉他，要没收他的杯子，只有当他想喝水时才会给他杯子。若孩子一拿到杯子，就又把水泼洒出来，那么就把杯子连同水一起拿走。

★当父母被孩子的行为气到抓狂时，必须解释生气的原因：

看到深色的果汁或牛奶打翻在刚擦干净的地板上或最好的桌巾上时，即使是脾气温和的父母也会抓狂。这时，与其用罪恶感来处罚自己，不如向孩子解释生气的原因。例如：对他说："这是我的新桌布，看到果汁洒在上面，我真的很生气。"同时，对他道歉："很抱歉，我刚才对你吼叫，我知道你不是故意的"。

三、餐桌上的叛逆小玩家

7 丢食物与喷食物

母亲甲：“我女儿每次吃饭，总吃不到几口，就开始玩弄盘子里的食物。她会用汤匙挖起盘里的食物，但不是送入嘴里，而是将它丢到地上。看到满地的食物，我就感到头痛不已！”

母亲乙：“我儿子最近发明了一招玩食物的方法，每当我把食物喂进他嘴里时，他就立刻把它喷出来，看到食物四处飞射的模样，他就会咯咯地笑个不停，而我总是被喷得全身都是。我很严肃地警告他：‘不准喷食物！’但他依然故我地玩着他的游戏。有时，我自己也会忍不住跟着大笑起来。”

要完全避免这种把食物当玩具，把用餐变成一场灾难的唯一办法，就是不要给这个餐桌上的叛逆小食客任何食物与饮料。不过，这当然只是一种自我安慰的想法罢了，因为你是不可能这样做的。所以你必须另外寻找一些方法来减少这些灾难继续发生。

不过，在找到办法应付这名叛逆的小食客之前，父母的首先工作是——绝不要跟着孩子一起发笑。一旦父母被孩子的举动逗笑了，他就会更加积极地演出丢食物与喷食物的绝活。

绝大多数的孩子在七、八个月时，会开始爱上玩吐口水的游戏，他们喜欢当嘴巴喷出口水所发出的“噗噗声”，这项游戏可能就是他们后来爱上“喷食物”游戏的源头。当孩子发现喷口水和吃东西可以结合成一种更好玩的游戏，再加上父母适时的鼓励性反应（不论是跟着发笑或严厉警告“不准这样”），都让孩子对丢食物或喷食物的游戏，更加乐此不疲。

想阻止孩子一再上演这种又脏又乱的游戏，父母可以参考以下有效的建议。

育儿小贴士

★只给一定分量的食物：

如果你家的幼儿是个食物小玩家，那么绝不要一次就把一餐分量的食物堆到他面前，这只会让他毫不犹豫地玩食物，造成浪费。最好的方式是：一次只给他一口的分量，等他吃完再给一口的分量。如果他还是把食物丢掉或喷出来，或许就等他真的饿了，再让他进食。

★变换食物：

某些食物特别容易引发幼儿的玩兴。尤其是豆类或切丁状的食物，喷出来不拖泥带水，丢在地上又会滚来滚去，对幼儿来说，这是个很有趣的游戏。所以试着以其他食物取代这类容易引发玩兴的食物，例如：用小片香蕉、煮软的胡萝卜或地瓜、健康乳牙饼、全麦馒头或面包取代他平常爱玩的那些食物。一旦这些容易引起玩兴的食物被换掉，幼儿表演的动机也就消失。如果幼儿抗议的话，就向他解释原因，并告诉他：只要不再玩弄食物，他就可以吃他喜欢的那样食物。如果他在重新得到喜爱的食物后，还是照样乱丢乱喷，就立刻没收那几样食物。

★分散幼儿的注意力：

如果父母至今都还未让幼儿自己进食，那么自我喂食的乐趣会分散他的注意力，而忘了喷食物的把戏。给幼儿一支汤匙让他自己吃，幼儿的注意力很可能会被这件事完全吸引，而忘了弄翻盘子、把食物丢到地上喂小狗或把食物喷出来等不宜的举动。

的确，让幼儿自我喂食或许是另一场灾难的开始，既耗时又凌乱，但幼儿迟早还是得学着自己进食。父母只要确定提供幼童安全的食物，并排除任何可能造成哽塞的食物就行了。

★让幼儿一个人唱独角戏：

一旦食物小玩家缺少了热情的观众，没有人对他的演出做出令他兴奋的反应时，也许他就不再那么热衷于那些小把戏了，所以让他坐稳，并把食物准备好，然后你就在一旁忙自己的事，让他一个人唱独角戏。如果听到喷饭声，或瞥见他丢饭的动作，千万别回头。如果转头正好又看到他在玩弄食物，也千万别做任何反应，甚至不要正眼看他，视而不见、不当一回事就好了。

★结束闹剧：

父母必须态度坚定且清楚地让幼儿了解，玩弄、浪费食物是不被允许的行为。所以看到他丢或喷食物时，严肃而坚定地告诉他："不准丢！""不准喷！"如果他把你的话当成耳边风，继续玩弄食物，就重复告诉他："不准丢！""不准喷！"并警告他："如果你再玩弄食物，我就把它们全部拿走。"

如果他还是不听话，就立刻采取行动，把食物拿走，让他知道你并不是在和他开玩笑。如此一来，即使他无法完全听懂你说的话，大致也会明白你的意思。

8 一团凌乱的自我喂食

母亲甲："我知道应该让女儿自己吃饭，这样她才能学习如何自我喂食。但每次看到她吃得满桌满地的脏乱时，我就会忍不住拿过汤匙接手喂她。"

母亲乙："我儿子总是坚持要自己吃饭，每次我喂他吃饭时，他就和我抢汤匙，抢不到汤匙，他就紧闭双唇、摇头拒绝吃饭。但我又不能让他自己吃，那样会弄得到处都是，而且一顿饭会吃到天长地久。"

教养诊疗室

看幼儿自己进食，真的是一件很痛苦的事，但未经过此一阶段，他们就无法学会如何自己喂食。此一成长阶段对幼儿而言，是非常重要的，它能训练幼儿开始学习独立自主、自我进食的技能以及正确且健康的进食习惯与礼仪。如果父母只是为了不想看到一团凌乱的惨状，也不想耗费时间等待幼儿自己把饭吃完，而坚持要喂孩子，那么就会阻挠孩子培养独立自主的精神。

的确，由父母来喂食是快速又有效率，也省下整理满桌满地脏乱的时间。如果你是这样的想法，那么显然你未清楚了解幼儿自我喂食的真实意义。幼儿吃东西并不是一项讲求速度、效率及整洁的训练，其最重要的目的是经验学习，也就是学会独立进食的技巧。

因此，在这个每餐都弄得又脏又乱的阶段里，父母应该以幽默和包容的态度看待幼儿的这些行为。终有一天，你的容忍将会有所回报，你会看到孩子经由学习而成为能干的自我喂食者，而你也因为不必喂孩子吃饭，而得到更多的个人时间。在这快乐的一天来临前，为了避免孩子在吃饭时把地弄脏，你可以进行一些防范措施与准备。但不论如何，还是要尽量让孩子自己进食。

★事前的训练：

当孩子和父母抢汤匙时，就表示他想试着自己进食或把玩餐具。这时父母可以准备摔不破的餐具让幼儿练习，保持他的双手忙碌，而父母也可以顺利喂食。

★准备幼童专用的餐具：

当幼儿可以拿稳玩具汤匙时，父母就可以试着开始让他自己进食。不过必须准备专为幼儿设计的餐具，例如：附吸盘的碗和软头汤匙，另外再加上几件长袖围兜或塑料围兜，接着就可以让孩子自己吃饭。不过，记得要在地板上铺一块大帆布，等孩子用餐完毕后，将帆布拿到浴室，用莲蓬头冲洗一下即可，既方便清理又环保。

★两段式进食法：

让孩子自己进食势必非常耗时，如果父母真的感到不耐烦或没有那么多时间，不妨让孩子自己进食 10~15 分钟，再由父母接手喂食，如此不但让孩子有练习自己吃饭的机会，父母也可以节省时间。当孩子自己进食愈来愈顺利时，父母就可以慢慢放手让孩子完全自己进食。

★提供黏稠度较高的食物：

尽可能提供黏稠度较高的食物，例如：马铃薯泥、稠稀饭等，避免幼儿因动作不稳，把食物挖得四处飞溅。但要注意的是，父母所提供的食物不能过度黏稠，以免孩子噎到或

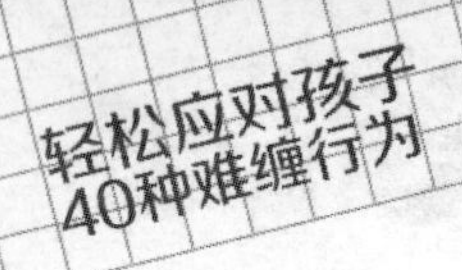

哽住喉咙。

9 餐桌上的不安分小食客

母亲：“我儿子从没安静地坐在椅子上吃完一顿饭。他总是在椅子上不停地扭来扭去，好像坐在一张针椅上一样。然后，才吃几口饭，就觉得对我们有交代似的，要求我们把他抱下椅子。我真担心他会营养不良或热量不足。”

对绝大多数已经学会走路的幼儿而言，在他所有的活动中，吃饭绝不是最重要的事，除非他已经饿到受不了了。在婴儿时期，他们会以嘴巴来感受新奇事物，所以不论拿到什么东西，都会往嘴里塞，尝尝它的味道；而在进入会走会跑的阶段后，他们喜欢利用双脚四处走动，发掘、探索新世界，因此，安分且安静地坐下来吃饭，对他们而言，简直太浪费时间。

然而，幼儿所不知道的是，不吃饭就没有体力到处走动，没有体力从事他们喜欢的各种探险活动，而这也是父母要对幼儿多加注意的地方。

★重新安排幼童的用餐座位：

如果孩子是坐高脚椅，就把他的椅子靠在餐桌旁，并将椅上的小桌面拿开，让他可以和大家一样靠着餐桌用餐；或者，也可以在大人坐的椅子上加个厚垫子，然后让孩子坐在上面并绑好安全带；再不然，也可以让他在专用的儿童桌椅上用餐。或许这样他就不会觉得受到限制，而愿意安分一点吃饭。

★满足孩子的独立欲望：

一般而言，幼儿对于独立自主与挑战新技能的渴望，通常更胜于食物。因此，让他有自我喂食的机会，反而可以让他比较专注在他的食物上。

★陪伴并监督：

即使让幼儿自己进食，但当他吃饭时，父母最好还是坐下来陪他，和他轻松地聊聊天，同时也监督他自我喂食的进度，但不要对他叨念："怎么吃这么少？""怎么吃这么慢？"或"吃饭怎么老是动来动去"？

如果孩子吃饭不喜欢有人陪伴，那么父母就必须先确定孩子的安全带是否系好，否则无论如何父母还是必须呆在孩子身边，以防他跌下椅子或打翻食物。

★吃饱就让孩子离开餐桌：

当孩子吃饱开始玩起食物或不安分时，不论他吃多少，都让他离开餐桌，并告诉他："吃饱了吗？那就去玩吧"！千万不要挑剔地说："你才吃几口，这样不行！"更不要追着他，要他"再吃一口"！这样只会让他觉得："我不一定要吃饱才能下来，反正爸妈会追着我，求我吃饭，所以我可以边玩边吃！"

如果孩子想下桌就让他下桌。等到他真的饿了，他就明白要吃饱才能下桌。

10 餐桌上的老莱子

母亲："儿子快三岁了，现在的自我意识愈来愈强，也愈来愈喜欢和我们唱反调。每当用餐时，若不逗他开心，他就一口也不吃。看看我和先生喂他吃饭时的模样，就觉得我们好像马戏团里的小丑。我们该怎么办？"

请立刻停止这种扮演餐桌老莱子的用餐方式，一旦幼儿养成这样的习惯，非得看到父母的特技、杂耍、唱唱跳跳的表演才肯吃饭，自然餐餐都会要求看"表演"，到时候只怕父母们永远摆脱不了马戏团的小丑角色了。

父母的目的只有一个，就是提供孩子食物，而不是"引诱"孩子吃饭。为了帮孩子养成正确的饮食习惯，父母应该

让孩子的胃口来主导他对食物的需求，让他是因为肚子饿了才吃饭，而不是为了有娱乐才愿意吃饭。

当父母突然不再当餐桌上的老莱子，不再提供娱乐节目时，幼儿也许会大发脾气、捶胸顿足或倒在地上耍赖，并拒绝吃饭以示抗议。这时父母一定要坚持到底，千万不要受孩子不吃饭的威胁，或一时心软而为他表演最后一场秀。父母一定要表现出冷静且不在乎的态度，就算他不吃饭也无所谓，毕竟再固执的幼儿也无法战胜饥饿，一旦他饿了，就算没有表演可以看，他也会乖乖吃饭。

虽然已经决定不再以娱乐的方式引诱孩子吃饭，但并不表示父母可以不用陪伴孩子用餐。即使父母自己不吃，也应该坐下来陪孩子吃饭，并和他聊聊天，教导他餐桌礼仪。此外，父母也可以在食物上多做一些变化，增加食物的趣味性，以提高孩子的食欲。

在绝大多数幼儿眼中，吃饭其实是一件很无趣的事，要他们放下正全心投入的游戏或探索，而到沉闷、无聊的餐桌旁用餐，相信没几个孩子会乖乖配合。但若能将进食本身变得有趣，那么孩子的反应就会截然不同。下次在为孩子准备餐点时，不妨花点心思添加一些“趣”味。下列这些方法都可以让父母不必再扮演餐桌上的老莱子，就可以打开孩子的食欲。

育儿小贴士

★把食物切碎，方便吞咽：

幼儿的咀嚼与吞咽能力都还不是很好，要他独自咀嚼一根胡萝卜，噎到的危险性很高，因此，为了让幼儿顺利进食，有必要把胡萝卜切碎。同样地，其他的蔬菜和水果也都可以如法炮制，而且年纪愈小的孩子，必须为他磨得愈细，以免噎着。

★为食物取有趣的名字：

正好一口一个的分量，虽适合幼儿进食，但也极易引发噎食风险，必须有家长全程监护。在为孩子切食物的同时，也可以为这些食物取一些有趣又可爱的名字。例如：把煮好的马铃薯切成一小片一小片的圆形，然后告诉孩子，这些是马铃薯做成的钱币，并要他数数看一共有多少个钱币。

好玩有趣的名字，能够明显提高孩子的食欲。举例来说，一颗荷包蛋也许会让孩子觉得无趣，但将它夹到两片土司里，然后重新取名为“黑云遮太阳”，孩子的态度可能就有 180 度的大转变。

★调味酱可以启动孩子的食欲：

有些小孩喜欢食物的原味，不过大部分幼儿都喜欢酱料的味道，有些孩子甚至所有的东西都要沾调味酱才肯吃。大多数孩子会特别偏好某一种调味酱，例如：西红柿酱、花生酱、苹果酱等，而且不论什么食物都想沾这种酱。碰到这种状况时，不要急着阻止他，那只会让他更不想吃饭。不如顺势而为，但要确定这些酱料不能含有过量的盐。

★让孩子有参与感：

自己有参与烹煮的菜，吃起来总会觉得特别好吃。父母在准备饭菜时，如果能让孩子参与其中，就算只是递一根葱或拿一粒蒜头，都可能会让孩子感到很骄傲，甚至更想品尝自己参与制作的这道菜。

四、结结巴巴又叽里咕噜

11 结结巴巴说不出话来

母亲甲：“我女儿讲话经常会结结巴巴，似乎有口吃的问题。我听说这种情形极可能是情绪困扰所引起，这令我很担心。”

母亲乙：“我儿子已经快三岁了，各方面的发展都算正常，但就是说话老是语意不清。大多数时候，他都无法把句子讲完，要东西时，只会以指、推、拉或发出咿咿呀呀的声音来表达。”

看到孩子说话结结巴巴时，父母要有耐心。因为幼儿讲话结巴或口吃，与情绪困扰没有绝对关系。导致孩子说话不清楚的原因，通常是因为讲话的速度追不上思考的速度；再不然就是他所懂的词汇太少，令他无法顺利表达心中的想法。

正常而言，三岁的幼儿能讲的字汇平均约为500字。在上幼儿园之前，他们的词汇又会增加近一倍。每个孩子的语言发展速度都不同，所以父母不必对孩子结巴或口吃的问题过度紧张。随着孩子的思想组织精进与语言技巧进步，结巴或口吃的问题自然会慢慢消失，所以父母千万要有耐心，别

催促孩子，也别在孩子面前讨论这项问题。父母的催促与讨论只会带给幼儿压力，使得他的口吃更严重且持续更久。

下次，当孩子又结结巴巴的讲不出话来时，要叫他慢慢说、再说一次，或先深呼吸再说，只要他能说出来就行了。同时，父母也要努力了解孩子到底要说些什么，如此才可以省得他再说一次，因为挫折感通常会令幼儿的口吃问题变得更为严重。

另外，有些幼儿不用说出字汇，却能让人们懂得他想要表达的意见，这是很值得注意的现象，通常他们的表达方式是：拉着妈妈的裙子，把她拖到厨房里；用力把爸爸推往车子的方向；对别人的问题会点头或咿咿呀呀地发出抗议声；也会指出他想要的东西。总之，此类孩子只要积极活跃地想沟通，父母将会讶异地发现孩子其实很聪明，就算不用语言也可以和人们沟通，这种现象足以减缓父母对其语言发展缓慢的担心。

育儿小贴士

★协助孩子发展语言技巧：

父母除了尽一切努力理解、响应并鼓励正在努力学说话的孩子，更要利用机会帮孩子发展语言技巧。当孩子将你推往冰箱的方向时，你可以帮他翻译，对他说：“你是不是要到冰箱旁边？你想拿什么东西吗？是不是想吃蛋糕？还是想喝果汁？”以此方式强化、刺激孩子的语言发展，当孩子发出咿咿呀呀的声音，并拼命指着柜子上的小丑布偶时，你可以问他：“你是不是想要和小丑玩”？然后再接着说：“小丑在柜子上面。”除了教孩子表达外，同时也可以教他认识许多名词。

★回应也是一种鼓励：

虽然真的听不懂孩子在说些什么，但父母还是可以努力观察孩子的肢体动作、脸部表情或观察到的其他线索，然后响应他：“哇，真是太有趣了”！“真的吗？你太棒了！”当孩子走向门口、表情着急又渴望地望着外面时，你可以问他：“你想出去玩吗？等一下我们就到公园玩，好不好？”当孩子揉着眼睛，露出一脸烦躁且无精打采的神情时，可以问他：“你是不是很想睡觉？那么我们睡一下吧”！若孩子一边指着冰箱的冷冻库，一边叽里咕噜地不知在说些什么，就问他：“是不是想吃冰淇淋”？总有几次会猜对，就算每次都猜错，孩子也会很高兴我们在乎他，对他的动作做出反应。总之，立即响应会让孩子有继续练习说话的动力。

★当孩子的翻译：

也许孩子说了一大堆话，父母只能勉强听懂几句，但相信父母绝对是全天下最了解孩子的人。因此，当其他人和孩子说话时，父母应该充当孩子的翻译，不过在帮孩子翻译之前，应先让孩子和对方努力了解彼此的意思。如果两人真的无法沟通，再帮他们翻译，并把对方所说的话转换成孩子能够了解的语言，同时尽可能帮孩子表达他心里想要表达的意思。

12 叽里咕噜并非天语

母亲：“我女儿已经快两岁了，我看到游乐场里和我女儿一样大的孩子，都能简单地表达自己的想法和需求，但我女儿到现在却还无法说一句让人了解的话。我很担心她是不是不会说话，但医生又说她没有什么问题。”

教养诊疗室

虽然一句都听不懂孩子在说些什么，但这并不表示他不会说话，幼儿在两岁前，说话不一定要达到语意清楚的程度才算正常。

幼儿通常会出现两种练习说话的形式，一种是听起来叽里咕噜地有如天语，这些胡言乱语的天语，在旁人听来不像是生活中的母语，但对正在学习说话的幼儿而言，却是有其意义的语言。所以下次当孩子又如此胡言乱语时，不妨仔细聆听，也许你会发现孩子的胡言乱语中，有着抑扬顿挫的语气，以孩子非常有限的语言能力而言，这样的表达方式已很令孩子感到满足了。

另一种练习说话的形式，就是单音节和双音节对他们所代表的意义。在孩子开始会说话之初，单音节的字汇可能就代表他完整的思想，例如：当他说“ㄋㄟ”时，可能是指我要喝牛奶。而第一个我们能理解的双音节，也可能代表不同的意思或目的，例如：“ㄇㄚㄇㄚ”，在不同的情况下，表示“我要妈妈”、“那是妈妈”、“妈妈抱抱”或“妈妈喂我吃东西”。

父母也许得花很长的时间才能了解孩子在说什么，但若父母仔细聆听，便会惊喜地发现，虽然是半猜半懂，但我们听得懂孩子的大部分语言。一个幼儿要把话说得顺畅，必须花好几年的时间练习才能做到。有时候，孩子因为忙着发展其他技巧，例如：走路、如厕训练，而未将精力放在练习说话上。一旦孩子的生理做好准备后，语言的能力就水到渠成了。

一般正常发展的幼儿，会在 10~14 个月时，才说出他人生的第一个字；不过也有少数在 8 或 9 个月大时，就尝试说出一两个字了；有些比较特殊的孩子则到了 18 个月大时，才挤出一个大人听得懂的字。

影响幼儿语言发展的原因很多，除了遗传因素外，比较常见的因素是出生排行与性别。通常，排行老大的孩子很早就学会说话，因为是家中第一个孩子，父母对他投注的时间与精力比较多；再者，因为没有兄弟姊妹和他抢话说，所以他练习说话的机会自然比较多。相对地，排行老二以后的小孩，通常学说话较慢，因为他们必须和哥哥姊姊抢话说，而且哥哥姊姊也会替他说出他想要表达的需求，所以他根本就不需要开口。

另外，性别也会影响语言学习的速度。一般而言，女孩比男孩早学会说话，这有可能是天性使然，但也可能是因为父母对女孩比较注重语言，对男孩则比较要求体能技巧。不过，在游戏团体中，女孩通常比较慢学会说话，而男孩则较早将思想形诸语言。

★创造丰富的语言环境：

当幼儿处于丰富的语言环境中时，自然有较多的机会学习并磨炼其语言技巧，并促使其说话能力较早萌芽。若幼儿成长的家庭中，同时说两种以上的语言，或主要照顾者对幼儿说的是另一种语言，那么幼儿的语言发展初期会显得较为迟缓，因为他会犹豫该以何种语言与对方交谈，不过长年累月，幼儿通常会精通多种语言。

★安排幼儿至托儿场所：

幼儿在日间所待的场所及相处的人，对其语言发展具有很大的影响力。因此，父母不妨将幼儿安排至日间托儿场所，由于在托儿所里，幼儿的需求无法像在家里一对一的情形下被预知，促使他为了满足自己的需求，而必须努力学说话。再者，在托儿所里，可以和一些年纪较大、话讲得较好的小朋友互动，也有助于幼儿练习说话。

★语言接受性的发展：

在学会说话之前，先要学会听懂别人的话。大多数幼儿在一岁左右，多多少少能听懂别人的话，这点我们可以从幼儿的反应看出来。例如：当你告诉他“要不要喝水”、“出去玩”、“不可以碰”等句子时，他是可以理解的。因此，在幼儿还未开始说话前，父母就要不断地和他说话，帮他建立语言技巧。

★个人发展进度不同：

影响幼儿语言能力发展的原因很多，且因人而异。每个幼儿在发展语言能力或其他能力时，都有其各自的学习与发展步调。虽然幼儿能够清楚说出第一个字的年龄约在一岁后，但有些幼儿早在会走路之前，就已能清楚说出句子，有些则到了两岁，说起话来还是毫无句子结构。虽然较早学会说话的幼儿通常比较聪明，但落后的也不一定迟钝。有些在学龄前语言发展较慢的小孩，后来不但赶上甚至超越其他早熟的同伴。

如果孩子到了两岁还不会说话，父母不用紧张、担心，也不需要有罪恶感。父母要做的是，确定孩子的生理发展没有问题，同时不断对他说话，让他接受语言的刺激，其他的就顺其自然吧！但如果孩子丝毫未有想尝试开口说话的迹象，或根本听不懂大人的话，那么父母就必须怀疑孩子可能有听力或其他方面的问题，这时就要寻求专业的协助。

13 表达能力退步又自言自语

母亲甲：“我三岁大的儿子语言表达能力相当好，但最近几个星期以来，他使用的词汇少了很多，表达能力明显倒退，是不是出了什么问题？”

母亲乙：“我发现好一段时间以来，女儿持续性整天自言自语，这是正常现象吗？是不是所有幼儿都是如此？”

幼儿的表达能力倒退并不是他忘了已经学会的词汇，应该是他忙着学习其他新技巧，所以无法专注在语言的表达上，这就是幼儿的天性，他们常会来来回回地专注于各种不同的技巧与成就之间。可能这个星期他特别专注于语言、词汇的学习；但下个星期他突然极度热衷于某些活动；再下下星期，他开始对同侪社交产生很大的兴趣；然后不知何时，他又发现语言、词汇学习是一件很有趣的事。

幼儿往往因为太专注于当下所热衷的事物，而忽略了其他技巧。至于幼儿自言自语的行为，其实是有助于思考，每个人都会自言自语，只是在长大成人后，我们大多数时候学会静静地做事，或在内心里自言自语。因此，别对孩子自言自语的行为大惊小怪，因为他正在做“有声音的思考”。他开始把思考形成比较具有组织结构的语言，而这件工作在他大声思考时，比较容易做到。此种情形就像刚学会阅读的小孩透过大声朗读的方式让自己更清楚故事内容，因为幼儿还分不清静静地做事与自言自语地做事之间的区别。自言自语除了有助于幼儿思考与语言学习外，另一个驱动幼儿自言自语的原因是，他听到自己的声音时，会产生满足感，此种满足感会随着语言及技巧的精进而成长。对幼儿而言，他不似大人会觉得自言自语是一种很奇怪的行为，而且他也不太在乎别人的想法。等到他的词汇更完整时，慢慢地，他就较能静静地思考。现在就好好地享受他自言自语时的可爱模样吧！

育儿小贴士

★给孩子支持与安全感：

有时候生活节奏、环境的改变，例如：换了新保姆、刚进入托儿所、换了新的托儿所、搬家、和祖父母出游等，都可能导致孩子短暂地降低说话能力。若是如此，那么只要父母用心支持孩子，并给予安全感，很快就可以帮助孩子再次顺利说话。

★勿过度要求孩子的言语表达：

有时幼儿只有在父母面前才会出现语言表达能力退步的现象，这是因为父母过度要求孩子用言语表达意见所致。当父母过度着急，刻意要增加孩子的词汇能力时，孩子常会因为过大的压力反而表现得更糟糕。此时，父母必须适时地减轻孩子的压力，才能让孩子在轻松的心情下，再度开口说话。

★做个耐心的听众：

如果仔细观察，父母会看到许多幼儿在玩耍时，尤其是独自一人玩耍时，总喜欢喃喃自语，而且不需要有正式的听众或有人响应他。如果孩子有这种自言自语的情形，别急着打断或制止他，不妨耐心、仔细地聆听孩子在说些什么。也许你会惊讶地发现孩子不断地在修正自己的语言结构与组织，努力地想把话讲得更好、更清楚。

★寻求专业意见：

如果孩子的语言表现退步情况持续很长的时间，父母也观察到他并非因为忙着学习其他新技巧而忽略语言能力；而是因为懒散、无生气、遭遇小小挫折或其他原因而导致畏惧开口说话，那么就得寻求心理与生理方面的专业意见，协助孩子解决困难。

14 学习语言很迟钝

母亲甲：“我女儿已经满三岁了，但至今仍然只会说几个字，像她这年龄的小孩，每个讲话都很流畅，甚至和同伴吵架都没有问题，但只有我女儿显得特别迟缓。我们一家人都很努力和她说话，但她的学习真的很迟钝。”

母亲乙：“我发觉我儿子所懂的词汇并不会比同龄的孩子少，但问题是他每次说话只会说一个一个的字，而不会串联成一个句子。他是不是有语言方面的障碍?”

教养诊疗室

每个小孩都有其各自的语言发展进度，他们会依据自己的时间表学说话，至于学习的速度则是有时快有时慢，有时甚至会停滞不前好一段时间。因此，精算孩子本周或本月比上周或上个月进步多少？多听得懂几个字？或和同年纪的孩子比较，有多大的落差？这些都很容易让父母陷入错误的成见中。事实上，有些很快学会许多单字的幼儿，不见得就会先把所学到的单字符串连成句子；反倒是那些学习说话较迟钝的孩子，往往很快就能把单字符串连成句子。

如果孩子在体能方面较早熟，意即他比同年纪的幼儿更早学会走路、爬上爬下、跳跃、抛球等，那么他的专注力就会被吸引到体能活动上，而使得语言学习变得较为缓慢且迟钝。另外，当孩子欠缺适度的语言刺激，或过度刺激，或父母给予过大的语言学习压力时，也都会阻碍孩子在语言学习上的自然发展。另外，过度受到照顾与保护的幼儿，因为凡事都不需要开口要求，父母就会为他准备好一切，因此他开口练习说话的机会，无形中也就被父母剥夺了。然而，这些语言学习很迟钝的孩子，一旦学会说话后，通常一开口讲话就会又快又好，主要是因为其年纪已较成熟，理解能力较强，对于文法字句的掌握能力较强，再加上已经长时间默默累积

了大量的词汇，自然会比很早就会说话的幼儿，缩短不少学习时间。

但如果孩子是因为生理障碍或精神障碍所引起的语言学习迟钝，就必须通过专业的协助，帮孩子进行矫正。例如：有些幼儿因为情绪障碍导致语言迟缓，当父母无法理解其需求时，就会以哭、闹、倒在地上以头撞地、撞墙等强烈情绪表达其不满。因此，父母平时就必须仔细观察语言学习缓慢的孩子的举止，观察是否有其他因素阻碍其语言发展，一旦发现有异常的情绪表现，就应该向专家寻求求助。

如果孩子已经懂得很多词汇，却不会把单字符串连成句子，父母也无须过度担心，事实上，孩子不但语言学习正常发展，而且还超前其他孩子，因为在此一时期，只有极少数的幼儿能将认识的单字组合成一、两个完整有意义的句子，因此其他幼儿认识的单字可能还不及我们的孩子。通常幼儿到两岁以后，才有能力将单字组合成有意义的词句，到了三岁后，才会加入文法的运用。

目前，只要孩子能使用一些单字，可以听懂大人的问话，也能够服从简单的命令，同时对于不懂的词句，也能以自己的方式清楚表达，父母就应该对孩子的正常语言学习发展深具信心。

育儿小贴士

★避免和孩子童言童语：

如果希望孩子能够讲出完整的句子，父母就别以童言童语和孩子交谈。而是应该以完整的句子和孩子交谈，如此才能鼓励并刺激孩子学习讲出完整的句子。

当孩子向你说某个单字时，你就以包含该单字在内的简单句子回答他，例如：当孩子说："吃！"并指着或看着饼干时，你就回答他："你要吃饼干吗"？此外，要尽量问一些孩子不能只用"是"或"不是"回答的问题，例如："你要吃哪一种饼干？燕麦饼？还是水果饼"？

★别让孩子感到压力：

在鼓励孩子学习以完整句子说话的过程中，尤其须注意别让孩子感受到压力，一旦孩子觉得有压力，也许就不想再开口讲句子了。最好的方式是，放松心情和孩子好好享受这段学习过程的乐趣，相信在一段时日后，孩子在不知不觉中就能与我们对答如流了。

★任何疑虑都可以和医生讨论：

父母如果不放心，还是忧虑孩子有语言学习迟缓的问题，就把疑问告诉医生，若有必要，医生会进行适当的听力测试，或由专业的语言及语言病理学家进行正式的语言技巧评估。如果测试结果证实是听力有障碍或明显的语言障碍，那及早治疗就十分重要了。

五、情绪压抑的小闷锅

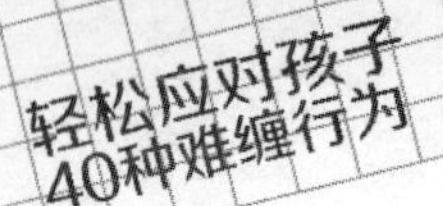

15 文静又压抑

母亲甲：“我的小女儿每次在半夜醒来时，都会很害怕，但个性压抑，不敢哭出声音。我们鼓励她晚上醒来时，可以哭出声音让我们知道，但这反而让她变得更烦乱。每晚，只要听到‘上床时间到了’，她就会开始紧张害怕，我们该怎么办？”

母亲乙：“我总认为幼儿就应该蹦蹦跳跳的，但我女儿不论是自己一个人玩，还是和一群小朋友一起玩，她总是安安静静地坐着玩，这样到底好不好？”

鼓励孩子在遇到害怕的事情时，可以大声哭出来，目的是为了协助孩子，减缓其恐惧，并不是要伤害他，但许多个性特别敏感的孩子，却会因为大声哭泣时得不到父母的安慰，而在精神上受到伤害。

幼儿的个性压抑，有些也许是天性使然；但有些却是后天环境所导致。例如：在遇到挫折时得不到安慰；或父母要求孩子要表现勇敢，不可以动不动就掉眼泪，这些因素都很容易令小小年纪的幼儿变得个性压抑，不敢轻易表现自己的

情绪。当幼儿出现情绪压抑的情况时，父母首先要检讨自己对待孩子的方式是否失当，然后再试着寻找其他可能导致孩子情绪沮丧的原因。

至于孩子个性文静到底好不好？一提到幼儿，一般人总有先入为主的观念，认为幼儿就应该是：造反、活泼顽皮、整天动个不停、爱闹脾气、固执倔强、不讲理。人们之所以有这种典型且刻板的印象，可能是因为幼儿的行为比其他年龄层的孩子更可预期，所以也就较易被定型。

虽然大多数的幼儿是活泼顽皮、爱闹脾气的，但也有许多孩子天性就是文静乖巧；也有些孩子是个性蛮横，有些孩子则是天生就懂得礼让；有些像是身上装了永远用不完的电池似的，整天精力充沛、跳上跳下；但有些孩子则是安静地坐在一旁，动作温和地玩玩具或游戏。每个幼儿都是独立的个体，每个人的天性与个性都不同，这是无法强求的。

★给孩子足够的安全感：

给孩子足够的安全感与陪伴，能够降低其情绪压抑的状况。如果孩子很害怕一个人睡觉，父母可以待在他身边小声地唱歌给他听，或轻松地和他低声聊天，或静静地待在他身边陪伴他。如果孩子在半夜突然惊醒，还是要重复相同的步骤，安抚孩子，让他有安全感，并且一直待在孩子身边直到他睡着为止。一段时日后，孩子就会渐渐放松情绪，也会比以前更有安全感，就算不用等到他睡着，父母也可以安心地走开。不过，有一点父母必须谨记在心，不论孩子多么害怕，都不要把他抱起来或带他到大人的床上。

★重视孩子的优点而非天性：

如果父母因为孩子过度文静、不活泼，就对他叨念不已、挑剔，又常将他和那些活泼好动的小朋友做比较，如此一来，不但无法改变孩子，反而会伤害孩子的自尊心，迫使孩子对各种活动更加讨厌。父母应该在意的不是孩子天生好动或文静，而是应该重视孩子的优点或天赋，例如：赞美孩子的绘画、拼图天分。如果孩子进行一些较活跃的动作时，父母应趁机给予更多的赞美及鼓励。

★鼓励孩子多运动：

活泼好动的孩子就一定比文静的孩子好吗？试想，好动的孩子可能会让父母整天神经紧绷，生怕他闯祸或弄坏东西；而文静的幼儿反而不会让父母那么劳心劳力，父母唯一要注意的就是确定文静的孩子每天都有足够的运动，以维持基本的健康。尽量别让孩子整天坐在电视机前，而要鼓励他多运动，如果孩子不喜欢太过剧烈的活动，例如跑步、攀爬或喧闹的游戏，则鼓励他试试散步、跳舞，或考虑让他参加舞蹈课或体操韵律课。

★寻求专业医疗协助：

如果孩子长期抗拒各类活动，父母就应该请医生检查孩子是否身体不适或有情绪障碍问题。此外，要仔细观察，是否因为户外对孩子不具吸引力，无法刺激他想外出的念头？

或缺乏运动的机会和场地？如果孩子每天总要盯着电视数个钟头，一出门就坐婴儿推车而极少步行，或家中有许多限制，孩子自然而然就活泼不起来。

只要孩子没有生理或情绪上的问题，也没有任何活动上的限制，那么父母就无须担心，只要继续鼓励、称赞孩子即可。

16 个性温顺又软弱

母亲：“我女儿不论是在托儿所里玩团体游戏，或和同龄孩子一起玩耍，每个小孩都是玩具抓了就玩，只有我女儿总是静静地站在那里，看着别人把她身边的玩具抢走。她这样会不会太软弱了？以后会不会很容易遭受别人的欺负？”

教养诊疗室

由于出生率逐年降低，每个幼儿几乎都是父母、祖父母的心肝宝贝，仿佛太阳升起落下、全世界的运转都是为了他们。因此，只要孩子们一招手或开口，玩伴、父母、祖父母甚至宠物，都会蜂拥而至并听令于他们。这也使得这些“小皇帝”不懂得什么叫“别人的权利”或“尊重别人”。

正因为在幼儿心中，他们认为所有的东西都是他们的，所以强行抢夺东西的行为也就不足为奇。不过对另一些幼儿而言，他们天性就不喜欢如此强取物品，而且在大多数情况下，他们的东西被抢走了也觉得无所谓。其实，侵犯性的行为对于幼儿的正常行为发展和建立自尊，并非绝对重要与必需。一名侵略性强的幼儿，长大后未必仍保有侵犯行为；而温和谦卑的小孩，未来也不见得就一定会是个谦恭有礼的成年人。

幼儿必须知道每个人都有其权利，而这项权利并非是靠高声喧嚷或蛮力得来。但如果孩子不会因为同伴强取玩具的行为而感到困扰，在玩具被抢走后，仍会另外寻找其他玩具玩耍，而且显得自在、愉快，那么就顺其自然，无须刻意改变孩子。随着年纪渐长，再加上社交圈的扩大以及父母的鼓励与引导，也许孩子会慢慢变得比较坚定，不容许别人随意欺负。事实上，世界上有许多成功人士，都是性情温柔、说话轻声细语，且待人和气。如果孩子刚好属于这一类型，即使再怎么无法忍受，也都应该接受孩子温顺的个性。

育儿小贴士

★教导孩子保护自己的权利：

当孩子因为玩具被抢走而心有不甘，却又无力捍卫自己的权利时，父母应该及时伸出援手帮孩子排解困难。例如：当其他幼儿想抢孩子的玩具时，应鼓励他为自己的权利辩护，对抢夺的孩子说：“不行，我还在玩！”

如果孩子显得手足无措时，父母就应该为其示范，先帮他向抢夺的孩子说:“小婷正在玩这个玩具，等一下再给你玩，好不好?”万一玩具还是被抢走了，父母应以坚定但和缓的口气，向抢夺的孩子说：“小婷还没玩完，请你把玩具还给她!”假使小朋友顺从了你的意思，别忘了向他道谢，同时在孩子玩够后，鼓励他将玩具拿给刚才那位小朋友。

但如果抢夺玩具的孩子拒绝归还玩具，也不要和他发生玩具争夺战、强行抢回玩具。因为我们的目的是在教导孩子如何保卫自己的权利，而不是教他也侵犯别人的权利。这时，父母应该转移孩子的注意力，帮他找另外的玩具，并就近看顾以免玩具又被抢走。

★教导孩子自行处理社交问题:

当孩子在骑木马时被拉倒、玩溜滑梯时被推开、堆沙时铲子被霸占，父母不必急着立刻跳出来帮他排除所有的困难，而是应该给孩子机会，让他自行解决这些社交问题，等孩子无法处理时，父母再为他示范。

让孩子有多一些社交的机会、多练习解决人际关系的技巧，对孩子有益无害。但不论孩子的表现如何，在此一学习处理人际关系的阶段，尽量让孩子做自己，不要强迫他。换个角度想，父母应该感到庆幸，因为孩子的性情温和，所以可以不用成天听到其他家长的抱怨——你的孩子好霸道、喜欢欺负别人。

★尊重孩子的权利:

有些父母出于善意想培养孩子宽大的胸怀，而不顾孩子的权利，擅自把他的玩具拿给来访的小朋友玩。在游戏场里，也不论是非对错，就强势把两个孩子正在争夺的沙铲交给另一个孩子。这种极度不尊重自己孩子权利的做法，不但无法教孩子学会慷慨，反而会让他们变得更自私，一旦他们感受到自己的权益受到威胁时，就会变得更顽固，而且不愿和其他小朋友一起玩，不肯合作也不愿轮流玩玩具。

17 不准父母和访客交谈

母亲：“每当家里有访客时，不论对方是亲戚、熟悉的朋友，或是不熟的修水管工人，我女儿都不准我们和访客交谈。”

教养诊疗室

这种现象就和幼儿不让父母讲电话的情形一样，因为不论是在讲电话或和访客交谈，父母的注意力都会离开孩子的身上，所以为了让父母的焦点可以一直停留在自己身上，孩子便会排斥所有访客，或大吵大闹好让父母无法和访客交谈。

在学龄前幼儿的心中，他只知道世上没有任何人事物会比他的需求重要，因此，想教他懂得尊重别人的需求，的确是一件难如登天的事。但即使很困难而且要花很多时间才能让孩子明白“尊重别人需求”的道理，父母还是得抱着体谅的态度，并以最大的耐心，一步一步地教导孩子。

育儿小贴士

★尊重孩子与父母相处的权利：

想要孩子学会尊重父母与其他人相处、交谈的权利，父母就应该做孩子的榜样，先尊重孩子与你相处的权利。尽量不要在陪他玩到一半或念故事念到一半时，就中断进行其他事情，如果那些事情没有急迫性，可以将它们留到孩子睡着或不玩的时候再进行。

如果刚好遇到某些工作必须立刻完成，就尽量让孩子加入我们的工作行列，例如：在准备晚餐时，可以让孩子在厨房的餐桌上玩玩具；如果你和他玩游戏玩到一半，正好有朋友来访，不妨请朋友先等一下，让你和孩子把游戏结束；若孩子不在意，也可以邀请朋友加入你们的游戏阵容。这些做法都可以让孩子感受到你对他的尊重。

★让孩子加入你们的聚会：

访客来访的时间，应尽量安排在孩子午睡的时间，如果客人来访时，不巧孩子醒了，就邀请孩子加入你们的聚会，在轻松自在的气氛下，协助他自然地与客人认识并交谈。例如：问孩子要不要把心爱的书或玩具介绍给你的朋友；或当维修工人来时，可以鼓励孩子充当小主人，由他带领维修工到水槽旁，并让他在安全距离范围内，观看工人是如何修水管。

如果即将来访的是一位很重要或很特别的客人，你可以请孩子帮你一起准备茶点或整理客厅，并把孩子的照片、艺术大作，或他花时间组装的玩具等，摆在客厅明显的位置，当客人来访时，适时为客人介绍。孩子会因为自己的作品被人欣赏而高兴，也就不再排斥你与客人交谈了！

★提供适当的道具或茶点：

当你与客人交谈时，可以在一旁放置一些孩子可以自己玩耍的玩具，例如：积木、拼图或玩具书等。如果孩子喜欢玩过家家，可以准备一套他自己的餐具，摆上布娃娃或填充玩具充当客人，让他在一旁自己玩耍；或准备一些点心大家一起吃，让孩子的嘴巴保持忙碌，这样你也可以暂时得到片刻的安静。

★在孩子不耐烦前，进行中场休息：

由于幼儿的专注力通常只有短短数分钟，因此在他自己玩耍的那几分钟结束时，父母应该先向访客道歉，过去念一段故事给孩子听或陪孩子玩几分钟的游戏。最佳的中场休息时间要选在孩子已经开始露出玩得不耐烦的神情时，而不是在他玩得正投入的时候，也不是他不耐烦地开始摔玩具的时候。

同时，父母要很清楚地让孩子知道中场休息的规则。例如：告诉他："妈妈现在先陪你一下，念一段三只小猪的故事给你听，故事念完后，妈妈就要和阿姨继续聊天，而你就可以开始画画了。"当你念完故事后，就帮他把画纸和蜡笔准备好，然后再回到朋友身边，在与朋友聊天的同时，也不忘随时和孩子说说话："你画得很棒！"或"你画的是我们家的猫咪

吗?”这样会让孩子觉得你的注意力一直在他身上，他就比较不会有被排除在外的压力了。

★别让孩子得逞：

招待访客或花时间向维修工人解说问题所在，这是父母的权利，应该让孩子清楚这一点，否则，一旦孩子觉得父母愿意为了他而放弃与他人相处的权利时，孩子就会一而再，再而三地要父母不要和其他人交谈，所以父母的态度必须坚定且友善，如果孩子在客人来访时，故意用手捂住你的嘴巴，不让你和客人说话，就把他的手拿开，如果他继续捂住你的嘴巴，你就继续把他的手拿开。当你和访客谈话时，可以善用“分散注意力”、“邀请加入”、“抱着孩子”等各种技巧，防止孩子吵闹，但千万别为了孩子而草草结束与客人的交谈，以免客人觉得遭到不尊重的对待。

18 假想的朋友

母亲：“我女儿有一个假想的朋友整天和她在一起，她已有爱她的家人及游戏团体内的朋友，为何还需要一位假想的朋友？长此以往，她以后会不会交不到真正的朋友?”

在成人的规则与管教下，加上兄弟姐妹间的争宠与掠夺，

几乎每个幼儿都会想要有一个自己能够完全掌控的玩伴，这个玩伴会完全遵照他的指示、配合他的需求，而且从不会回嘴，更不会威胁到他个人及其所有权。而有谁能比他自己创造的假想朋友更适合扮演这个角色呢？

这名假想出来的朋友，除了能让幼儿有同伴的感觉外，同时也是幼儿另一个不同的自我，这个第二个自我可以是幼儿的代罪羔羊，例如：当幼儿在测试父母的底线，或犯错时推卸责任，或在他失控时能让他维持一点自尊，或是他必须发泄压力或情绪时，这个假想朋友就会成为他的代罪羔羊。此外，这个假想朋友也扮演着保护者的角色，例如：将他从街上的大狗或床底下的可怕野兽口中解救出来。最重要的是，这个假想朋友是一个陪伴他度过无聊、孤独时光的人。

当发现孩子有假想朋友时，不必太紧张。根据统计，大约三分之二的孩子在幼年时期都会创造出这样的朋友，所以是一种相当普遍的现象。这种情况大约从两岁半到三岁间开始，然后在五或六岁时就会消失，而且幼儿大都知道这个朋友是幻想出来的，并不是真实的人物。

有些幼儿的假想朋友只是偶尔来访，并不与幼儿同住；而有些幼儿的假想朋友则是每天一起生活的家人。这个假想朋友可能以任何一种形式出现，例如：小孩、大人、天使、动物，且有其名字与高矮胖瘦的特征，甚至有其特别的嗜好，例如：固定坐在某张椅子上、固定的睡觉位置、固定穿某件衣服。

根据研究显示，有假想朋友的孩子通常有较多的真正朋友，而且他们的语汇会比较丰富，也比较有创造力、独立、擅长交际，更能与老师及玩伴合作。这些孩子区分真假的能力和其他孩子一样正常，只是会比较容易沉迷在假想的游戏中，许多有创造力的成功人士，小时候都曾有假想朋友。

有假想朋友并不表示孩子的情绪有问题，有时这样的情况还可以帮助父母更了解孩子的内心世界。但无论如何，都不要让孩子过于沉溺、依赖这个假想朋友，而不和其他人互动或个性变得退缩、不快乐。为了让孩子维持健康的心态，不妨把这名假想朋友变成全家的好朋友。

育儿小贴士

★别扼杀可贵的天赋：

想象力是珍贵的天赋，父母不但不该制止孩子发挥想象力，还要帮孩子继续成长。让孩子尽情地和他的假想朋友一起玩耍，不要打扰或批评他，例如：不要禁止孩子带他的假想朋友出门，或取笑他有一个“假朋友”，因为这样做并不会让孩子放弃他的“朋友”，反而会使这个假想朋友变得更神秘，令孩子更深陷于自己的幻想世界中。

★接受孩子的假想朋友：

否认假想朋友的存在，只会引起孩子的不高兴或愤怒，相反地，父母应要热情地接待这名假想朋友，配合孩子的期望，让他的朋友坐在餐桌旁，甚至为这名朋友准备一碗“饭”，就像孩子们扮过家家那样。

★谨慎“利用”假想朋友：

有些父母为了让孩子乖乖听话，会利用假想朋友诱使孩子合作，例如：他们会对孩子说：“嘟嘟说今天天气很冷，所以你要穿上大外套。”或为了让孩子刷牙，会对孩子说：“嘟嘟在等着要看你把牙齿刷得多干净。”这样的做法或许有效，但也可能产生后遗症，有些孩子会不高兴自己对假想朋友失去控制权而不肯合作。

★别让假想朋友成为孩子的代罪羔羊：

假想朋友能够支持、陪伴孩子或陪孩子玩想象游戏，这些都值得鼓励，但千万别让孩子利用假想朋友来逃避行为的后果。例如：当你要求他把地上的玩具收到箱子里时，他却坚持“那是嘟嘟丢的”而拒绝收拾。碰到这种情形时，父母必须坚定立场，告诉孩子“既然你们是好朋友，那么你可以帮他一起收拾”，如果孩子还是拒绝，就不要再继续假装有假想朋友的存在，而要求孩子自己收拾。当孩子利用假想朋友来发泄心中的怒气、嫉妒等负面情绪时，要鼓励孩子说出心中的不满，并寻找其他健康的管道让孩子发泄情绪。

记住，孩子迟早会放弃这个假想朋友，因为当他对传统的社交场合感到更自在，也更能表达自己时，他就不再需要这份额外友谊的支持了。

六、害怕挫折的小可怜

19 遇到挫折就退缩

母亲甲：“我儿子做任何事情时，只要遇到挫折（例如：画画或组合玩具失败），他就会非常沮丧、难过，接着就开始大哭，我要如何防止他受到挫折？”

母亲乙：“我女儿每次只要事情做得不满意，就会要求我帮她做，包括：画画、拼图或她穿鞋子的方式。她凡事要求完美，做不满意时就退缩，并要求别人代劳，以后会不会无法照顾自己？”

挫折是幼儿日常生活中无法避免的事实，因为他们的欲望总是超越他们的能力。虽然挫折有时会让幼儿感到沮丧退缩，但相对地，挫折也是激发孩子成长及进步的动力，每个孩子都需要从挫折中学习解决事情的能力。父母会经常为了保护孩子，而冲动地做一些预防孩子受挫的举动，这种现象虽然正常，但却扼杀了孩子成功的动力，也剥夺了孩子为未来人生中随时会降临的挫折做准备的机会。

的确，当幼儿尚未发展出坚强的应付技巧时，面对太多的挫折会瓦解他的信心，当小小的手跟不上心智的成长时，

他真的会感到很挫败。有些幼儿能够接受自己能力有限的事实，而将注意力移转到其他事物上；但有些孩子则会表达出挫折的情绪，例如：发脾气或哭闹；还有些则会直接把挫折交给他认为有能力的人来解决。

如果孩子是个完美主义者，他会选择最后一种方式来面对他的挫折，因为他知道大人做得到，而且让大人为他做而不是自己动手似乎很合理。孩子凡事要求完美，这种个性有时是天性使然，有时则是因父母对孩子的期望过高所造成。

因此，面对这类型的孩子时，千万不要给他太多压力，或要求他能力做不到的标准。不要买超过孩子能力的玩具，也不要因为他无法达到某个水平就批评他。长期的批评、贬低孩子的能力，只会伤害孩子的自尊与感情，使得孩子害怕尝试任何事物。

★选择孩子能力所及的玩具：

即使是非常聪明的幼儿，也会因为玩具不适合其年龄或身高而玩到充满挫折感。如果要为孩子选择有挑战性的玩具时，切记要选不会超出其能力太多的玩具，一旦他挑战成功，他就会更勇于面对下次的挑战，如果他没有挑战成功，也不要批评他，不断地批评及过高的期望，只会加重孩子的挫折感。

★教导孩子技巧：

有时孩子之所以不敢尝试，是因为他不知要如何进行。

对一个幼儿来说，包括：如何组合玩具、如何使用美术劳动材料、如何穿衣服等，都令他感到困难重重。因此当孩子感到沮丧或要父母帮他做时，父母必须有耐心地教导他技巧，而不是帮他做。用鼓励的方式教导孩子如何握蜡笔、如何把袜口打开、如何根据颜色及形状拼图、如何有步骤地穿衣。

★从旁引导与协助：

如果孩子要你画大海的景色，在你开始画之前要求他描述景致。当他肠枯思竭时，你便可以诱发他的想象力，问他："是有蓝天白云的大海？还是美丽黄昏的大海？"再问他："海浪是什么样子的？""海面上要不要有鱼在跳跃？你想那会是什么鱼？"如果孩子想象不出来或拒绝想象，也不要勉强他。但要不时地丢一些安全及保证成功的问题，让孩子有机会帮忙完成图画。下次，当他想画画时，就会知道该画些什么。

如果孩子想要自己解决问题，就放手让他做，父母只需在一旁适时协助即可。老是帮孩子解决问题，会使孩子以后连尝试都不愿意就要求协助，但如果孩子受挫而需要协助或开口求助，在一旁帮助他但不要完全接手，只需在一旁引导他正确的方向即可。

★尊重孩子的挫折：

当孩子因为积木一再倒下而沮丧到想放弃时，父母要尊重他，不要强迫他再试一下！或安抚他："再试试看，我知道你可以做得更好。""这样看起来也不错啊！"这样对孩子来说，一点好处也没有，反而是在否定孩子的评价，侮辱他的判断。

在处理过重的挫折时，放弃是可接受的方法，尤其对象是幼儿时。学习在何时该放弃是一项非常重要的技巧，因此，如果孩子决定不再试了，就尊重他，并称赞他的努力与承认挫折的勇气，对他说："你很努力在盖那栋房子，但它一直倒下，这一定使你很生气，或许下次我们再一起试试看。"

★小小成就也要大大称赞：

当孩子为你的大海图加上蓝天，即便只是一、两笔，都要记得赞美他："你拿画笔拿得真稳！""你把天空画得很漂亮哦！"说出你欣赏他的努力，可以强化孩子的自信，而使他下次更愿意努力尝试。

20 穿衣战争

母亲甲："每次我要帮女儿穿衣服时，她就大发脾气。不论我帮她挑什么衣服，她就是不愿意穿，除非她自己挑。"

母亲乙："我儿子每天都要穿同一条裤子才愿意出门上学。这已经不是单纯的卫生问题了，而是它已经令人感到厌烦，我们全都很讨厌再看到那条裤子，更别提他托儿所的老师会怎么想。"

母亲丙："我儿子非常好动，一刻都安静不下来，每天早上要让他穿好衣服上学，简直像在跑马拉松一样。我先追到他房间，把他的T恤套到他头上，然后追到客厅把袖子套在他右手上，然后到厨房把另一只袖子再套上，接着是裤子……等到衣服穿好时，上学都迟到了。”

教养诊疗室

对很多父母而言，每天为幼儿穿衣就像一场酷刑，从上衣到袜子无不挣扎、踢打、哭叫。的确，对许多幼儿来说，即使是他最喜欢的三明治或最喜爱的毛衣，只要不是由他选择或决定，他就会抗拒到底。

如果你的孩子和母亲乙的孩子一样，永远要穿同一条裤子才愿意出门，你也不必太感到头痛或难为情，更不必担心托儿所的老师或其他家长的想法，因为你的孩子并不是唯一一个坚持穿得像游民或乞丐似的幼儿。如果你真的感到很难为情，可以向老师解释这种情形，也许老师能够给你一些有用的意见，或借由老师的力量来改变孩子，毕竟在此阶段，孩子愿意听老师的话更胜于听父母的话。

如果你的孩子是个运动健将，连穿衣服时也不忘跑来跑去做运动，你就当作是孩子对你的体贴，在帮你维持身材及保持身体健康。既然一时还无法改变事实，就先转换一下自己的心情吧！

以上这些试炼，除非你可以使它们变得容易、更有效率，否则你仍得每天早上面对这些酷刑，直到孩子学会自己穿衣服。以下的方法也许可以让这些试炼变得容易一些。

育儿小贴士

★让孩子拥有选择权：

如果孩子对穿衣服的掌控欲很强，一定要自己挑的衣服才愿意穿，那么就让他完全掌控每天的穿着，但父母必须注意气候的变化，以免孩子在寒风刺骨的冬天选择泳装及凉鞋，或在七月大热天选择穿冬衣，或者你可以把过季的衣服打包收起来。

购买衣服时，让孩子从几件你已挑出的衣服中，选一件他最喜欢的。但切记，不让孩子有太多选择，如果孩子有一整衣柜的衣服可供选择，你和孩子可能会再陷入另一个层次的穿衣战争，因为太多的选择会让幼儿眼花缭乱、不知所措，反而倍感挫折。理想上，让幼儿选择的数量不要超过三件。

★同款式的裤子可以多买几条：

如果孩子对某件衣服或裤子特别偏好，就多买几件一模一样的款式，虽然外人还是觉得他老是穿同一件衣服或裤子，但至少令人头痛的卫生问题得以解决。

有些孩子会特别偏好某件衣服或裤子，是因为曾有人赞美他穿那件衣服或裤子很好看。如果你的孩子是属于这种情形，那么就请家人、托儿所老师和朋友协助，多称赞他的穿着，让他在穿衣上可以有多一点的变化与选择。

★安排一段亲子关系时间：

有时候孩子喜欢边跑边穿衣服，是因为他发现，每天早上所有人都忙着为自己的一天做准备，没有人注意到他的存在，于是他便用此种方式吸引其他人的注意。如果你的孩子是属于这种情况，那就在每天早上的行程中，安排一小段“亲子关系”，例如：说一则短短的故事、玩一个小又有趣的游戏。或者，把这些活动当作奖赏：“如果你快点穿好衣服，我们就还有时间说你最喜欢的故事。”

★在孩子下床前，就帮他穿好衣服：

防止孩子一边穿衣服一边进行马拉松赛跑，最好的方法就是在他下床前，就帮他把衣服穿好，然后才让他下床。

如果时间很充裕，而你也有足够的耐心，也可以继续每天来一小段马拉松式穿衣，并将它融入游戏中，例如：“我们现在在房间把右边的袖子穿上了，接下来要在哪里穿左边的袖子？”你化被动为主动的方式，可能会剥夺孩子的部分乐趣，甚至使他觉得无趣而放弃奔跑。

最后，如果你试过所有的方法，但全都行不通，那就只好使出最后一招——抓住他，强迫他穿衣服。

21 就是要自己穿衣服

母亲：“我女儿穿衣服的时候总是拒绝我帮忙，她坚持从头到脚都要自己穿，问题是，她经常因为穿不好而倍感挫折，甚至大发脾气。”

教养诊疗室

我们自己在穿了几十年的衣服后，很自然地认为穿衣服的技巧是再简单不过的动作。但是对幼儿而言，即便像自己穿衣这样简单的动作也是一种挑战，虽然绝大多数的幼儿都已经学会穿的动作，但却还未能有条理地掌握自己穿衣的复杂程序。

偏偏有些孩子就喜欢自己穿衣服，而不想让别人帮忙。不幸的是，他们这种“自己来”的欲望，通常比“有能力自己做”更早出现，所以才会因挫折感而大发脾气。如果孩子坚持要自己穿衣服，父母可以利用下列方法来降低他们穿衣时的挫折。

育儿小贴士

★为孩子挑选容易穿上的衣服：

在为幼儿购买衣服或在衣柜挑衣服时，要挑选最容易穿上的裤子，挑选上衣时，则以没有拉链、扣子及暗扣的衣服为主，最好是领口较宽敞、容易套上的运动衫。洋装则必须注意会不会穿到一半时卡在头上或肩上，若是裙子，最好有附上松紧带。

★教孩子区分衣服的前后：

如果孩子的衣服只有前面有图案，他们比较不会有区分前后面的困扰。但如果衣服前后都没有图案或都有图案，就教孩子根据衣服的标签来判断前后，因为标签通常在后面。如果衣服连标签都没有，父母也可以考虑用防水笔在衣服里面注明。例如：在衣服背面靠近领子的地方写上“背”，不但让幼儿容易分辨，更可以让他开始启蒙认字。

通常，男孩很快就能学会分辨内裤的前后，因为内裤及短裤都有很明显的前摆。至于女孩，如果能够帮她选购前面有图案或蝴蝶结的内裤，也可以帮助她们分辨。

★教孩子由下往上扣纽扣：

教幼儿扣纽扣或暗扣的最简单方法，就是由下往上扣，此一方法可以让孩子确定纽扣的位置正确，虽然扣纽扣或暗扣都属于细致动作，远超过大部分幼儿的运动能力，但你可以为孩子示范，观看你如何从最底下的扣子对齐、扣上等过程。让幼儿练习自己扣纽扣、暗扣及拉拉链等技巧，并提供有纽扣、暗扣及拉链的娃娃让他练习。

★教导熟练及细心地拉拉链技巧：

拉链对柔软的皮肤而言，是一项很大的威胁，尤其幼儿的技巧不纯熟、皮肤又细，一被拉链夹到就容易受伤。更别提小男孩，如果不小心，拉链就可能夹伤身上某个敏感部位。这时就要多劳烦爸爸教导并示范，让小男孩知道如何抓起拉链，而不致接触皮肤。

★是衣服的问题，不是孩子做不好：

当孩子努力奋斗了大半天，结果还是无法将衣服穿好而感到沮丧、生气时，应该要怪罪衣服而不是批评孩子。你可

以对孩子说："这件毛线衣今天真的很不配合，害我们的宝贝老是穿不好，现在我们来研究一下，该怎么把它穿上去。"

父母只需帮孩子起个头，接下来就让他自己完成其余的工作。如果把衣服穿对位置远超出其能力所及，例如：他总是把两只脚套入同一只裤管里，你就先帮他穿上一脚的裤管，然后让他完成其余的部分。

七、宝贝爱生气

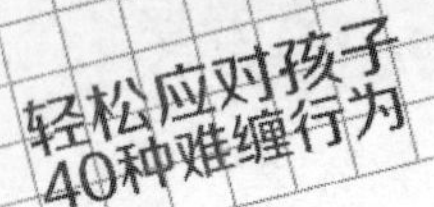

22 动不动就闹情绪

母亲甲：“我知道女儿的年纪还小，无法和她讲道理，但是她的不理性、无理取闹的行为，已经快把我逼疯了。”

母亲乙：“我曾听说两三岁的小孩最难缠又麻烦，时常会毫无理由地乱发脾气。我发现我女儿似乎也有这种情形。有这种可能吗？或者只是我多疑了？”

大多数的成人会把不如意的事或不好的情绪藏在心中，但幼儿正好相反，他们总是把情绪穿在身上和众人分享，当他们很快乐时，他们全身都是微笑及轻笑声；他们感觉很骄傲时，你可以看到他们就像一只开屏的孔雀；当他们心情不好时——你就得做好接招的心理准备。

孩子当然有可能乱发脾气与无理取闹，这是幼儿的天性之一。在路上、餐厅里、玩具店里，我们不就常常看到当幼儿得不到想要的东西时，如何的又踢又叫、大哭大闹，甚至直接躺在地上耍赖，两三岁的小孩的确难缠又麻烦，闹起脾气可能很火爆，也可能很温和。

对一个理性成熟的成人来说，幼儿的这种行为令人感到不可思议，但孩子不讲理、闹情绪有其理由。例如：拒绝在寒冷的天气穿上大衣；前一分钟才要求要吃玉米碎片，下一分钟却马上连一口都不吃；把最喜欢的故事书撕破后，立刻为了书本不再完好如初而生气。

这一切的反复无常，都是因为幼儿努力挣扎着想独立，他即使知道自己的决定是错的，仍然坚持要自己做决定。幼儿这种追求独立的过程，虽然对父母、家人和他自己都痛苦无比，但他还是想要靠自己的努力找出解答。除了追求独立之外，例如：饥饿、疲倦或其他种种因素，也会导致幼儿变得不讲理。

和无理取闹的孩子讲道理是不切实际的，而且父母也不可以和孩子一起陷入情绪谷底。相反地，父母要帮孩子改变心情。

育儿小贴士

★让孩子吃东西或休息：

当孩子出现无理取闹的不理性行为时，父母的第一个反应应该是“休息”或“食物”。因为当孩子饥饿或疲累，而开始天翻地覆地大吵大闹时，和他讲道理无疑是对牛弹琴。这个时候只有先满足其基本的生理需求，才能让他安静下来。

另外，在面对孩子的无理取闹时，父母也要记得先把自己喂饱，以免自己在被饥饿冲昏头的情况下，和孩子一起陷入难以控制的激动情绪中。

★不允许常态性的不讲理：

当父母准备要开车到卖场采购东西时，孩子却拒绝坐进车内，这时可以容许他拳打脚踢一下或尖叫几声无妨；或当他心血来潮地把屋里所有购得到的书都扫落在地上时，带他外出逛街或到游乐场分散他的注意力。总之，绝对不允许孩子持续不讲理的行为，也不允许这样不讲理的行为变成常态，以免因他的发飙而破坏了其他家人的生活。

★让孩子体验自己无理行为的后果：

在情况不危及幼儿的安全与健康，也不影响家人生活的前提下，尽可能让孩子体验其不理性行为所造成的后果。例如：天气寒冷却坚持不穿外套，就让他体验出门时有多么冷；如果孩子拒绝乖乖吃东西，就让他感受一下饥饿的感觉；如果孩子把自己最喜爱的故事书撕破，那么他就再也无法看到那本书。也许孩子必须经历无数次这种尝试错误与学习教训的过程后，才会修正其不理性的行为，但总有一天他会了解父母的苦心。

★别中了孩子的计谋：

一个不讲理、爱闹别扭的小孩，会想尽办法挑起父母的情绪，千万不要中了孩子的诡计。不要给孩子机会挑起你的情绪，你可以以友善的方式隔离或转移孩子的情绪。例如：提供他最喜欢的东西或食物振奋他的心情。如果这个振奋不能持续很久，也不要放弃希望，稍后再提供一些他更喜欢的东西。

★别忘了保持幽默感：

为了不让自己被孩子逼得“狗急跳墙”，父母可以转换念头，以自娱的方式看待孩子不讲理的滑稽行为。不断提醒自己“一切都会过去”才能保有乐观的心情。当你以愉悦来回应孩子难缠的脾气时，他的坏脾气也就没有太多发挥的空间。你可以用愉快的情绪化解那个正纠结在一起的小小眉头；用微笑迎接他的喃喃抱怨；用滑稽的表情面对他的苦瓜脸，但不要让孩子觉得你在取笑他。

23 只对父母发脾气

母亲：“我儿子和保姆或老师在一起时，整天都表现得很听话、很配合。但只要看到我们一下班回家，他就开始大发脾气，这到底是怎么一回事？”

虽然对父母来说，这样的情况看似一种酷刑，但父母真该为孩子的大发脾气而感到受宠若惊、暗自窃喜。因为他只对父母发脾气，正因为他爱父母，和父母在一起时他感受到充足的安全感，他知道就算他失控了，也不用担心父母会离开他。整天在保姆面前表演乖小孩后，发一顿脾气是他宣泄的方式。

有些幼儿把所有最可怕的行为，都保留到父母面前表现，是因为他想在父母面前争取独立，他觉得必须和最亲近、最依赖的人稍微切割一下，因为他要从父母那里争取属于他自己的地位与领地，以巩固他的自主权。

对下班后的父母大发脾气，可能是幼儿仅知最快能吸引父母注意力的方法，因为只要他大发一顿脾气，父母就会丢下一切事情来关心他，即使他白天和保姆或老师都玩得很高兴，他还是可能这么做。此外，孩子脾气爆发的原因也有可能是因疲劳、饥饿所导致。

世上没有任何仙丹可以治疗孩子的坏脾气，也没有任何神奇的管教方法，可使坏脾气完全消失。尽管如此，父母还是可以改变或减缓这些坏脾气的产生。下面所提供的建议，也许可以帮父母化解部分问题。

★保持冷静：

天底下最能够点燃孩子怒火的导火线，就是父母大发脾气。当孩子看到父母情绪失控时，他就更难恢复自己的冷静。父母的脾气爆发可能也会吓到孩子，使他们怀疑会失去父母的爱，因情绪失控而失去冷静的孩子，非常需要父母的冷静影响力与无条件爱的保证，尽管保持平静的做法可能没有立即的效果，也不容易做到，但终究会看到你的努力投射在孩子逐渐增加的自我控制上。

★情绪爆发前，离开现场：

当遇到极可能会导致孩子脾气爆发的情况，或你已经度

过非常疲累的一天后，回到家里还要面对孩子的愤怒尖叫声时，相信你很难维持冷静的情绪，但你无须对此感到内疚。这时最明智的解决方法就是暂时离开现场，但必须确定孩子仍安全地在你的视线范围内，等你处理好自己的情绪后，再来处理孩子的脾气。

★轻声对孩子说话：

如果父母也和孩子一起陷入低潮情绪，想以尖叫声来盖过孩子的尖叫声，最后只会逼得孩子叫得更大声，因为你让他变成舞台上的主角。如果你改以温和的语调，轻声地对他说话，才能控制一切状况，也才能帮孩子恢复冷静的情绪。再者，当你轻声说话时，在愤怒尖叫中的孩子，因为听不见你在说什么，自然就会安静下来，好奇地想听清楚你在说什么。

★不要和怒火中的孩子讲道理：

当孩子的脾气发作时，不要和他争论或对他讲道理，那是没有用的。一个失控的幼儿根本听不进任何道理。把你要对他讲的道理，留到比较理智的时刻吧！

★让孩子分心：

有些孩子被哄骗、转移注意力时，并不会生气，有些则会因大人试图使他分心而更生气。如果你的孩子是前一种类型，那就在他不讲理的时候，拿出他最爱的故事书、拼图玩具，然后试着为他读故事书或和他一起玩拼图。

★不理会孩子的坏脾气：

通常处理幼儿乱发脾气最好的方法，就是不采取任何行动。任由孩子在一旁发脾气，他或许可以很快就以自己的方式恢复自制。有些育儿专家称此种方法为“消除法”，尤其是在孩子的要求完全不可理喻时十分管用，如果你察觉孩子知道自己的要求是不可理喻时更是有效。

当孩子大吼大叫时，你只需继续做自己的事，大声地哼哼唱唱来压过尖叫声，且明白表示你不在乎他的脾气。在你开始故意忽视孩子的坏脾气时，孩子的坏脾气可能会变得更严重，然而当孩子发现没有听众，而他的坏脾气也毫无作用时，发脾气的频率终究会减少。

无论你决定如何处理孩子的坏脾气，永远不要在此时屈服于孩子的要求。如果你屈服了，孩子会经常利用他的坏脾气来达到自己的愿望。如果你打算说“好”，最好在孩子发脾气前就答应他。

24 宝贝爱生气

母亲甲：“我儿子有时会因需求得不到满足，就气得捶打或咬我们。我很气孩子打我或咬我，因此我就会不加思索地还手或还嘴。我知道这样很不成熟，但我就是无法控制自己。我们该怎么办？”

母亲乙：“当儿子大闹脾气时，有时会气到憋住呼吸。像前几天，他就因为憋得太久而暂时失去知觉。我很害怕他会因此伤到自己。”

教养诊疗室

绝大多数的父母在面临孩子做出恼人的行为时，都很难保持冷静、沉着，尤其内心那股想还手的冲动可能强到盖过了理智。这种想以牙还牙、以眼还眼的报复冲动是正常的，大部分的父母偶尔都会有这样的冲动与念头，但绝不能真的付诸行动，否则只会让情况愈变愈糟糕。

首先，当你采取报复的手段来回应孩子的脾气时，无异于在教孩子用错误的方法处理愤怒及沮丧，更何况这么做也会吓到孩子。再者，这种回应孩子情绪的方式，更严重可能会演变成虐待儿童。

如果孩子激起你体内不好的情绪，你可以用手轻轻打他的屁股或手，你不需要为这个动作而感到罪恶感，但打过之后一定要马上道歉，并向他解释你打他的原因。例如："我很抱歉打了你，可是我实在太生气了，气你常常打我和爸爸。"而当你是因为担心孩子的安危而非因为生气才打他，你可以向他解释："当你跑到马路上时，你知道我有多么担心你会被车子撞到吗？我打你是因为你吓到我了，你以后绝对不可以再像那样跑到马路上。"

至于孩子生气时爱憋气的问题。的确，看到孩子憋气而失去意识，一定会把父母吓得魂飞魄散，而且心疼不已。但它唯一可能造成的伤害，就是制造父母的心痛与神经紧张。憋气的行为一般会出现在三岁左右的孩子身上，而且大多是因为哭得太激烈或一阵突来的狂怒所导致。孩子的强烈怒气会导致他开始不呼吸，直到嘴唇因缺氧而变蓝，若憋得再久一点，皮肤会变蓝甚至转白，然后失去意识。失去意识是一种身体的自卫反应，可以促使呼吸重新开始正常循环，而不会对身体造成伤害。因为有这一层保护，孩子便不会因为憋气而受伤。

孩子憋气除了对父母造成神经损伤外，还会引发另一个负面效应——宠坏孩子。往往父母即使知道憋气不会对孩子造成伤害，但看到孩子憋气时，还是无法克制内心的紧张，为了避免孩子继续这种自残行为，父母会放弃对孩子的要求，而孩子也很快就学会把憋气视为一种控制父母的武器，进而对父母予取予求。最后，不但造就了一个蛮横不讲理的小皇帝，也造就了一个不会处理挫折、沮丧且无法面对现实的小孩。

育儿小贴士

★让孩子知道生气是正常的：

让孩子知道生气是正常、健康的情绪，发脾气或说出自己很生气并没有错。但不可以用打人、咬人、推人、扯头发或打父母等暴力方式，表达自己的愤怒情绪。

★鼓励孩子用较好的方式发泄愤怒：

鼓励孩子用较好的方式发泄挫折、愤怒等情绪，并确定你有给孩子足够的机会发泄。当孩子生气时，你要承认他的感觉，并对他说："我看得出来你很气我不让你去公园玩，你可以气我没关系，生气是没有关系的。”且鼓励孩子说出来：“你要不要说说看，你有多生气？说出来会使你好受一些。”再不然，你也可以提供实质的东西让孩子发泄怒气，例如：捶打枕头、搓捏黏土等，帮助孩子重新找回自制力。

生理、心理与情绪长时间受限制的小孩，就像一只沸腾的茶壶，随时会爆炸。鼓励孩子尽量以语言表达其挫折或愤怒，或用较为人们所接受的方式进行发泄。如果孩子的语言表达能力不纯熟，就帮他表达：“你是因为这幅拼图老是拼不好所以生气，对不对？”

★坚持原则，不要让步：

父母必须以平静但坚决的态度来应付孩子的坏脾气，不论看到孩子可怜的模样时有多么想放弃，或多么想让步，只要孩子不肯停止哭闹，父母就绝对不可以让步。一旦对孩子的脾气退让而满足其无理要求，父母无异于在鼓励孩子继续利用发脾气的方式来获得所需，这只会让孩子食髓知味、后患无穷。

★称赞良好的行为：

只要孩子的情绪能够平静下来，即使他还是满脸怒气，父母都要记得赞美他的合作。

八、对玩伴不友善

25 慷慨变成自私

母亲甲：“我女儿一直以来都很慷慨，愿意把任何东西送给她的玩伴。但最近不知为何，她突然变得很自私。”

母亲乙：“我女儿很能和别人分享东西，但她不明白为什么她最好的朋友不肯和她分享。她觉得如果是这样，那她以后也不要对好朋友那么好了。”

在三四岁幼儿的心中，世界上的东西并没有所谓你的、我的、我们的，而是所有东西都是我的。由于此一阶段的孩子刚开始有所有权的概念，因此很自然会产生强烈的占有欲。他们不只把属于自己的东西标上“我的”，就连那些不属于他的东西，也会被他标上“我的”，甚至连公共物品也不例外。此一阶段的幼儿最喜欢的词汇就是“我的”。

强烈占有欲并不表示幼儿会一辈子都很自私。幼儿占有欲不只是正常现象，也是在学会与人分享的人生道路上，必须且重要的一步。紧紧握住自己的东西，以及抢别人的东西，是因为幼儿需要建立自主权及认同感，是在测试界线及保障自己权利的一种正常表现。

除非幼儿有机会分享并了解所有权，否则他们很难学会“分享”。在幼儿发展过程中，“拥有”远比“分享”早出现，大部分的儿童在一岁半以后了解“拥有”，但却要到三、四岁后才学会分享。还有另一个影响幼儿学会分享的障碍，是“借出及借入”的观念。幼儿并不了解，当他让朋友使用某种东西时，还可以要回来或再使用，他们把给予与放弃画上等号。

因此，要向一个三岁的孩子解释，为什么朋友不肯分享，而他却要和他们分享玩具，这是一件很费力的事。父母也许可以把慷慨及分享视为一种奖励，但孩子可不认为是如此，所以与其告诉孩子不论别人愿不愿意分享，他还是应该对人慷慨的道理，不如让他知道自己的慷慨行为有多么令人欣赏，例如：一有机会就赞美他：“我真的很高兴看到你和朋友分享的样子。”如此一来，将可以鼓励幼儿持续这样的行为。

偶尔，当孩子和一群不懂分享又自私的孩子在一起玩耍，且这群朋友的自私会激起他的贪心与自私时，不要谴责或批评他，不要对他说：“但是你以前都会和朋友分享呀”！虽然孩子有慷慨的本性，但在此年龄，不应该逼他放弃自己的所有物。更何况那群朋友的强烈占有欲与不愿意分享的行为，可能在一两年内消失，尤其有我们孩子慷慨的典范可学习。

育儿小贴士

★不要强迫孩子分享：

当你强迫孩子与人分享时，等于是在暗示他，他的需求不比别人重要。此时期正是幼儿的自我意识与自尊心开始发展的阶段，他会变得很敏感，必须感觉到自己和别人是一样重要的。再者，幼儿对安全感有强烈的渴望，一旦自己的财产会被人拿走，他们会觉得不安全且不安定，他们必须知道某些东西只属于他们，所以别强迫孩子分享，这样做是无法教会孩子慷慨，因为那并非是真正发自内心的慷慨，而是遵照父母的指示做罢了。

★体谅孩子难以分享的心情：

与其责备孩子："你都不让小美看你的故事书，真不乖！"不如体谅他难以分享的心情，"我知道要你把故事书借给别人看是很难的，因为那是你最喜爱的一本故事书，它对你而言是很特别的"。这种体谅可以很快帮孩子克服分享的抗拒。此外，父母也可以试着帮孩子的玩伴讲话："小莉觉得很伤心，因为你不让她玩你的拼图"。

★不要为了分享而分享：

父母一定要让孩子清楚感受到你对他的所有权的尊重，当你要拿玩具给孩子的玩伴时，一定要获得他的许可；若是他不答应，你也不要坚持或极力说服他。长期下来，这种尊重将会鼓舞孩子的慷慨，而孩子也较不会嫉妒地保护自己的所有物。

★解释借出与借入的观念：

向孩子解释"借入借出"的观念，有助于孩子的分享行为。让孩子了解，当他借别人东西时，是可以要回来的；而当他向别人借东西时，是必须归还的。同时尽量在日常生活中，找机会让孩子练习。例如：到图书馆借故事书，然后归还；在公园里的秋千只能“借玩”，不能把它们带回家；朋友家的积木是朋友的，只能“借玩”一下，也不能带回家。

★赞美所有企图分享的努力：

只要当孩子同意要分享，不论这个企图分享的努力有多么小，都要赞美孩子的美好行为，并试着让孩子了解，分享本身就是一种奖励：让朋友使用他的铲子，可能较快建好沙堡；把卡车借给玩伴使用，他就可以和朋友玩刺激的赛车游戏。随着时间、经验及温和的指引，孩子最后会开始了解，分享可使游戏更有创造力，而争吵只会浪费可贵的时间。

26 不顾及别人的感受

母亲：“我儿子不论是在游戏团体中或在托儿所里，对其他小朋友似乎都很不友善，而且常不顾及别人的感受、抢别人的东西或涂坏小朋友的画作。他的行为真令我感到困扰又丢脸。”

教养诊疗室

父母不必为孩子的此种现象感到困扰与担心，更不必为此感到丢脸。一般而言，幼儿时期的孩子都还未发展出人类仁慈的特质，其不顾及别人感受的行为，也只是其年龄的自然表现。其实，孩子并不是对别人的感觉毫无感知，只是此时期的幼儿发展仍以自我为中心。

父母无法要求孩子要像爱自己一样地爱玩伴、托儿所同学或邻居小朋友。对孩子而言，自己的需求才是最重要的，他根本不会关心或在乎别人需要什么，且由于大人都会满足孩子的需求，所以他还未开始为自己付出，更没有机会学习为别人做事、付出，自然很难产生同理心与仁慈。

教导孩子对别人仁慈并且有同理心，就如同教导他其他美好价值一样，过程必须循序渐进，而非能一步登天。在此一教导过程中，父母自身所建立的模范，就是孩子的最佳学习典范，看到父母总是对别人好，孩子自然也学会仁慈地对待他人。

育儿小贴士

★体贴孩子的感受：

如果父母对孩子的感受完全不在乎，那么孩子永远也不会学习尊重别人的感受，例如：父母曾在外人面前令孩子难堪、斥责他："你怎么笨手笨脚的，把果汁洒得满桌子都是"。或从不将孩子的意见当一回事，例如：批评孩子的穿着搭配："这双鞋子真丑，和这套衣服一点都不配"！或不尊重孩子的人格，嫌弃地对他说："你这个坏小孩，你简直快把我逼疯了"！如果父母无法体贴孩子的感受，不只伤了孩子的自尊，也会在不知不觉中，做了孩子最坏的示范，教他不必在乎别

人的感受，让他觉得别人的感受一点都不重要。

★告诉孩子，其他人也有感觉：

也许要两岁的幼儿了解其他小朋友不是“物品”有点困难，不过父母可以慢慢帮孩子建立概念，让孩子知道这些“物品”也是有感觉的。例如：在游戏团体中，当孩子抢走其他小朋友的玩具时，不要只是对他说：“把玩具还给人家，那不是你的东西”。毕竟在幼儿的世界里，所有的东西都是他的，父母应该向他解释：“上次你的玩具被其他小朋友抢走时，你是不是很伤心？如果现在你把其他小朋友的玩具抢走了，他也会很伤心”！当孩子在游戏时打人，也不要只是一句：“不准打人！”而是要告诉他：“你打小天，他会痛耶。”当孩子对玩伴表现出慷慨大方时，父母可以进一步强调他人的感受：“你把玩具借给小天玩，你看他多高兴”。接着赞美他：“你真慷慨！”用以强化孩子的正向行为。当然，要孩子懂得同理心，凡事站在别人的立场想，还需要好几年的时间，但告诉孩子其他人也有感觉，却是培养他宽大的第一步。

★父母以身作则：

教导孩子美好品德的最有效方法，就是父母的良好身教。如果父母只是成天对孩子说教，要求孩子尊重其他小朋友的权利和感受，但自己却做出不良示范，例如：在所有家人或外人面前指责保姆的不是、在超市柜台怒骂店员，或不守秩序喜欢插队等，就等于是间接告诉孩子，你所做的这些行为都是可以被接受的，那么往后不论你再会讲道理都没有用。

27 对待玩伴恶毒又刻薄

母亲甲：“我儿子会对玩伴进行人身攻击，会用诸如‘笨蛋’或‘大便脸’这一类恶毒的话骂他们。这些话也许不会造成很大的伤害，但仍令我感到很生气和困扰。”

母亲乙：“我女儿和玩伴一起玩的过程中，经常会对玩伴说一些刻薄的话，像‘你的裙子好丑’、‘你画的小鸟一点都不像’。我担心她会变成一个伶牙利嘴的刻薄小孩。”

当幼儿开始与其他小孩相处时，人身攻击就像他们在争夺玩具一样，是无可避免的状况。三至四岁的幼儿最常用来攻击别人的词语大多与厕所有关，而搬弄这些攻击性字眼能减少他们的不自在感。

幼儿对同伴的人身攻击通常与愤怒无关，他们并不知道那些话的严重性，纯粹只是因为好玩或用来博取人们的关注。因此，当你听到孩子讲这些恶毒的字眼时，不必大惊小怪地斥责他，只需要装作没听到，一段时间后，这些恶毒的字眼很快就会自然消失。记住，不论你多努力想制止孩子口出恶语，这种现象通常会持续到孩子四岁以后才停止。在此之前，不论父母如何限制他，他就是没有足够的自制力管住自己的心与舌头。

再者，一般幼儿对玩伴所说的批评性字眼，并非是刻薄，而是诚实、坦白。问题是，大多数幼儿还不知道过度的诚实、坦白有时是很伤人的。这时父母要做的，不是责备孩子刻薄、伤人，而是向他解释："直接说出心里的想法，可能会伤到别人的心"。下次如果他又不经大脑就说出时，你应该先安慰被孩子攻击的玩伴，等安抚好那个伤心的小孩后，再平静地把孩子带到一边，并要求他试着站在朋友的立场设想，告诉他："你看，你讲那些话让莎莎很难过"！"如果莎莎也批评你的衣服很丑，或嫌你画的小鸟不像时，你会觉得如何？"如果孩子没有反应，接着帮他说："我想你一定会觉得非常伤心"。

育儿小贴士

★鼓励孩子改用较不冒犯的字眼：

如果孩子经常对同伴口出恶毒、刻薄的话，就告诉他，你知道他想知道某些字眼听起来的感觉，而他可以在自己的房间里说到高兴为止，但不要在别人面前说。最好鼓励他使用一些较不会冒犯别人的字眼，例如：用"彩蛋"代替"笨蛋"、用"噗噗脸"代替"大便脸"。

★不过度反应也不鼓励：

对于幼儿以恶毒、刻薄的字眼对同伴进行人身攻击的行为，不要过度反应，但也不要鼓励。例如：当孩子做出这类行为时，你忍不住笑了出来，就会让他觉得他做的事情是可以被接受的。当孩子说出令你及其他人无法接受的愚蠢词语时，要向他解释那些刻薄字眼会伤害别人的心，就像用手打人一样会让人觉得很痛。并教导孩子使用较为人们接受的方式处理冲突，例如：表达自己的情绪："你令我很生气。"或选择不要和那个人玩。

★确定自己不是坏榜样：

确定自己并未为孩子立下坏榜样，很多大人在与人发生冲突时，会用脏话或人身攻击的字眼表达自己的不悦，不论是无意或刻意，小孩几乎都会察觉。因此，以后当你与人争吵想骂脏话，或辱骂路上超车的驾驶人，或弄错信用卡账单的银行时，先吸一口气、想一想。否则，哪天你可能会听到孩子对玩伴重复你所说过的每句不雅的话。

★别急着斥责孩子：

要求孩子对玩伴要有同理心并不容易，必须耐心地培养及谅解。听到孩子说了恶毒、刻薄的字眼时，不要斥责他或与他争论体贴别人的好处。要让孩子知道，他可以不喜欢别人的衣服，可以认为别人画的图不好，但不可以把感觉说出来，以免伤了对方的心。也许你要对孩子说上 10 次、20 次后，他才会真正听进去，但终有一天，孩子一定能学会对他人要有同理心。

★不要小题大做：

幼儿语出伤人的行为只是暂时性的，所以对这项问题无须小题大做，不要让孩子认为此后都不该表达自己的感受，而是要让孩子知道，绝对可以表达自己的看法，当其他小朋友对他进行人身攻击而令他难过时，也要清楚向对方表达自己的感受，当其他人所做的是危险或可能伤害他时，一定要告诉大人。

28 没有互动的团体游戏

母亲：“我小儿子目前两岁多，最近他和邻居几个小朋友组成一个游戏团体。五个孩子的年纪全都在两岁左右。他们玩得很愉快，但就是各玩各的，谁也不理谁，彼此之间没有互动。”

父母也许会担心孩子这种“反社会”行为，不利其将来的发展，但对幼儿而言，这种行为不但是正常也是自然现象。其实，并非每个学步儿都能顺利经历社会化的过程，如果把一群平均两岁左右的孩子集合在一个房间里，你会发现，他们不会一起玩耍，而是各玩各的。

在这个社会化游戏的初期阶段，孩子会认为其他幼儿只是一种“物品”，他们虽然会动，也会发出声音，但他们还是一种“物品”。他喜欢或想要的时候，可以把那个物品抓过来，不喜欢的时候，可以把它推到一边，这种“物品”的玩具和食物是可以抢的，孩子也许会观察这个物品，并拿东西戳戳它、刺刺它，但很难和这种“物品”产生互动。

想让孩子能热烈互动地玩在一起，就必须先让孩子将其他幼儿看成“人”而非物品，但这对大多数的孩子而言，是非常困难的。在这个全世界以“我”为中心的阶段，孩子完全不会考虑到那些在他身边绕来绕去的“物品”都在想些什么，他们又有什么需求和欲望，自然也就不会有互动。

互动的艺术是需要学习的，但对此年纪的幼儿而言，即使游戏团体缺乏合作与互动，他们还是能从其中学到一些日后派得上用场的宝贵经验，若孩子聚会的次数频繁，你终究会发现到真正社会化互动的征兆。

虽然早期社会技巧的学习，可让孩子在上学前教育或幼儿园时有个好的开始。但若父母无法经常提供孩子社会化的经验，也不必太担心，等孩子上学后，自然而然就会赶上。若孩子对社交活动不感兴趣亦不擅长，也不需要强迫他，等他准备好时，他自然就会成为其中的一员。

育儿小贴士

★选择适合的团体游戏时间：

一天当中，总有某些时间是幼儿比较活跃的时段，例如：孩子已经得到充分休息，同时肚子也填饱了。此时让他加入游戏团体，也许他和其他小朋友会有比较好的互动效果。尽量不要选在一天结束前，因为那时父母与小孩都处在一种极

大压力的状况下。

★先从一对一开始：

如果孩子之前很少加入游戏团体，那么不要一下子就把他放入一个太大的游戏团体中，以免他不知所措。不妨试着让他在不同的时段里，一次和一个小朋友玩，等他和团体里的小朋友一一认识后，再让他加入团体。

★鼓励孩子逐步加入游戏团体：

首先，看看有没有小朋友正在玩有趣的玩具，特别是孩子会感兴趣的游戏，并试着让孩子在那个小朋友的身旁坐下来玩，孩子会因为对玩具有兴趣而主动加入游戏行列，并开始与其他小朋友产生互动。

★父母要有耐心：

幼儿不可能在一开始就与其他小朋友互动，也许必须经过一段长时间的相处后，他才能真正融入游戏团体中，与大家玩成一片。但孩子很可能在这个游戏团体中能够自在地和玩伴互动，但到了下一个新的游戏团体时，一切又得重头来过。这种过程经常令父母们受挫，但这对大多数的幼儿而言，是很正常的现象，所以父母一定要有耐心。

九、天啊！宝贝的玩伴有问题！

29 宝贝的玩伴有问题

母亲甲：“我女儿经常在从游戏团体结束回家后，就会从玩伴那里学来一些令人讨厌的坏习惯，例如：尖叫、扮鬼脸、打人等，令我防不胜防。”

母亲乙：“我儿子最近在托儿所里交了一个朋友，他一天到晚跟在那个小男生后面，想和他玩，但我不喜欢那个小孩，他有破坏性，我担心他会对我儿子造成不良影响。”

父母总是信誓旦旦地发誓，认为自己绝不会像自己的父母那样干涉孩子，也不会干涉孩子的社交生活，你保证一定会让他们选择自己的朋友，而且不论你喜欢与否都会尊重他的选择。然后，言犹在耳，无可避免地状况发生了——你的孩子结交了一个你不喜欢的朋友，你担心孩子会从这个朋友身上学到一些坏习惯。

当孩子初次踏入社交圈时，他们总是很快地向其他玩伴学习许多行为，问题是这些学来的行为并不一定都是好的。幼儿的模仿能力很强，尤其特别喜欢学习一些奇奇怪怪或夸张的行为或习性。每次学会一个新招式时，就会拿出来“实

验”一两个星期，然后当发现更有趣的招式时，就会立刻“喜新厌旧”。不过，有时候某些行为或习惯会持续一段很长的时间。

遇到这种情况时，严厉斥责孩子或给予处罚，都无法改变孩子的行为，反而可能促使孩子因而更坚持。立志要当开明的父母的你，该怎么办？其实，父母大可不必如此紧张。就长期而言，家庭的影响力与孩子的天生气质和人格，才是塑造孩子一生行为与习惯的最大力量，这股力量绝对是其同伴所不及的。一位有破坏性、粗鲁的朋友，可能会暂时诱发孩子的攻击性，但这样的行为不会永久持续，尤其父母若能提供平静、无暴力的家庭氛围，孩子终究还是会受到家庭气氛的影响而自动导正行为。

育儿小贴士

★与家长和老师联手：

父母可以和团体中其他幼儿的家长、学校老师沟通，并提出你对那些不好行为的看法。如果家长们联手抵制这些不良的行为习惯，事情就比较容易解决。

★对孩子的招式毫无反应：

当孩子开始“实验”所学到的招式时，父母最好的应对方法就是视而不见，不要对孩子的行为有任何反应，或把孩子的注意力转移到其他事物上。如果孩子学到的行为不但惹人厌，或具有危险性，或完全不被人们所接受时（例如：咬人、打人），父母就必须冷静且迅速地处理。

★扩展孩子的社交圈：

不要禁止孩子和那个不被你喜欢的朋友交往，这样只会激起孩子的反抗，促使他更坚决地要和那个朋友在一起，更何况你也无法强迫他们不要在学校里来往。父母应该采取疏导的方式，试着扩展孩子的社交圈。

你可以把你的担心告诉孩子的老师，并要求老师建议班上其他适合的玩伴。老师可以在上课时安排他们坐在一起，或让他们组队做一些事，观察他们是否处得来；如果结果很好，你可以邀请这个新玩伴和孩子一起玩。

★小心监视并适时介入：

如果孩子还是想和那个“粗鲁且野蛮”的朋友一起玩，就让他和那个朋友一起玩，但你要小心地监视他们的交往情况，并计划一些有组织性的活动，透过活动干预他们的行为。一个过度好动的小孩，通常在听故事、剪贴或玩一些挑战性的游戏时，会出奇地安静，不过，一旦你看到任何不赞成或觉得不安全的行为时，就要毫不迟疑地介入。

★明白表示不欢迎坏朋友：

如果那个小孩真的很有破坏性，甚至有明显的暴力行为，例如：打人、咬人、踢人等令人不能接受的行为时，必须让那个孩子知道，这样的行为在你家是不被接受的，如果他想来家里找你的孩子玩耍，他就必须学会守规矩。同时，也和你的孩子解释这一点，这样他才会鼓励他的朋友改掉坏习惯。

如果这样的警告还是起不了作用，不妨直接与这个孩子

的父母谈谈，并询问他们是否有更好的建议。也许那个孩子的父母其中一人或保姆，可以陪他一起来你家作客，直到他的行为改善为止。如果那个孩子的父母不愿意配合，那你也只好别无选择地禁止他们一起玩耍，直到那个小孩的行为改善为止。

30 交到具攻击性的朋友

母亲甲：“我女儿的游戏团体中，有一个很具侵略性的小男孩，在玩游戏的过程中，常会把女儿推到一边，有时甚至会把她推倒。我很想鼓励女儿反击，但又觉得那样太暴力。我很庆幸她没有侵略的天性，但还是会担心她被欺负。”

母亲乙：“在我女儿的几个玩伴中，有一个男孩有打人的倾向。每当他妈妈不在场时，我不知该站在什么立场，预防那个男孩伤害其他小朋友。我应该要管教他吗？”

教养诊疗室

的确，教孩子反击是真的太暴力了，父母要教孩子的应该是“维护自身权益”，而“反击”和“维护自身权益”之间是有差别的。教孩子反击，就是教他以武力解决冲突，也就是当别人打他时，他就打回去；别人推他，他就推回去；别人用玩具敲他的头，他就敲回去。这种以牙还牙的报复方式，也许能得到一时的爽快与满足，但却不能真正解决两人的纷争，最后总是强硬而顽强的一方赢得胜利。

不反击并不表示你得教孩子扮演可怜的受害者角色，而应该视其所受委屈的程度，决定该以何种方式处理。

如果孩子对于别人推他或抢走他的玩具显得毫不介意，他仍然愉快地继续和其他同伴玩耍，或他已找到其他可以玩耍的玩具，那就没有必要干预。遇到这样的情况，父母应该感到很高兴，因为孩子的自我肯定及自我价值，并不是由其所拥有的东西或别人对待他的态度来决定。不过，当孩子因受到其他玩伴侵略性的攻击而愤怒时，父母就应该运用一些手段对付那些侵略者。如果孩子的玩伴开始出现打人、踢人、咬人的举动时，父母就必须出面制止。在介入时，可以先以其他的事物引开其他孩子的注意力。

至于该不该管教那个具侵略性的孩子？如果那个孩子的父母或保姆在场时，你就不该介入并管教那个做错事的小孩。但若这群孩子是由你负责照料时，你的管教举动不但恰当，也是必要的，因为你有责任监督他们的行为。

当你所负责照料的小客人中有人打人时，必须立刻让他知道打人是不被允许的。如果被打的孩子不高兴或号啕大哭，则要先安抚妥当后，再处理攻击者。

不过你必须注意的是，有时候父母不在场的孩子会打人，可能是因为他不自在或不舒服，也有可能是因为他觉得自己被忽略了。因此，确定你没有偏颇自己的孩子，并且有足够的活动让其他小客人忙碌，并让孩子在表现良好时，可以得

到足够的赞赏。

育儿小贴士

★教导孩子保护自身权利：

当孩子因玩具被抢而心有不甘，却又无力捍卫自己的权利时，父母应该及时伸出援手，帮孩子排解困难。例如：当其他幼儿想抢孩子的玩具时，应鼓励孩子为自己的权利辩护，对抢夺的孩子说："不行，我还在玩"！记住，你必须先给孩子足够的机会自行解决，等他无法解决时，你再出来为他示范。让孩子有多一些的社交机会，多练习对孩子也有帮助。但如果那个具侵略性的小孩继续欺负你的孩子，或抢了你孩子的玩具并拒绝归还时，你也毋须和他发生玩具争夺战，强行抢回玩具。因为你的目的是在教导孩子如何保卫自己的权利，而不是教孩子侵犯别人的权利。这时，你应该转移孩子的注意力，找其他的玩具给孩子玩，并就近照顾以免玩具又被抢走。

★会惹麻烦的孩子不是坏：

因为年纪小的孩子无法分辨对错，因此他们做错事不能当成是不道德的。如果父母不断地对那个具侵略性的孩子说他很"坏"或"顽皮"，会伤害他小小的自我，也会影响未来成就所必需的自信发展。孩子如果常听到"你总是那么坏"，也许未来真会实现这个预言（如果他们说我坏，我一定真的很坏）。在管教那个闯祸的孩子时，要批评他的行为而不是批评他的人格。

★多注意孩子的乖巧行为：

孩子会有打人、咬人或其他侵略性行为，大部分是因为在他们表现良好时，常未受到应有的注意及称赞，而产生想引人注意的反动。一个自觉不被注意关心的孩子，会用尽一切手段，包括以暴力方式得到大人的注意。所以父母应该多观察那个孩子的良好行为，并给予赞美。

31 不懂得如何交朋友

母亲甲：“我的孩子不懂得如何交朋友，不论是在托儿所或在游戏团体里，他总是附和年纪较大的孩子，但大家好像也不会注意到他的存在。”

母亲乙：“我女儿上托儿所已经快两个月了。我发现她班上的同学似乎都已经找到自己的好朋友，但她似乎不会结交朋友。”

对绝大多数的幼儿而言，交朋友并不是他们生活中最重要的事。不论是和同伴玩、自己一个人玩，或是附和较大的孩子，甚至是和大人玩时，他们都一样快乐。交朋友的经验当然和孩子的社交活动有关。很多孩子的同学在进托儿所前，已在托婴中心待了一两年，或至少曾参与过一两个游戏团体。拥有这种经验的小孩，通常比其他小孩还快找到玩伴。

等孩子到了三至四岁时，你就会发现他会开始交朋友。即使他在社交技巧上比较晚熟，他也可能会开始拥有忙碌的社交行程。所以父母不要过于着急，也不要催促孩子，但要适时协助孩子，帮他建立交朋友的技巧。

如果孩子没有同年龄的朋友，你就当他的朋友。如果孩子很害羞，你就针对这点来帮他交朋友。如果孩子的个性积极或霸道，以至于交不到朋友，就向他解释："其他小朋友不喜欢和霸道、不讲理的人玩"。同时帮他改掉霸道的性格。

如果孩子喜欢先观望其他小朋友一阵子，再全心投入社交关系，那么你就让他在旁边观看，直到他认为自己做好准备。

如果你察觉孩子在一旁观看其他小朋友时，流露出想加入但又太害羞的神情，你可以适时提供他一些交朋友的方法："小安喜欢玩积木，你要不要问他愿不愿意和你一起玩积木？"或"小宏也有一本很棒的故事书，你要不要问他愿不愿意也让你看"？如果孩子不敢问，你可以为他示范，让他知道该怎么交朋友。

另外，父母也可以请托儿所老师帮忙，运用一些小技巧让你的孩子进入社交圈。最重要的是，让孩子有调整自己的社交步伐的空间。如果他一个人或和家人玩得很快乐，就不要强迫他一定要结交朋友，在此阶段，他并不需要有自己的朋友圈。

育儿小贴士

★提供孩子练习社交的机会：

孩子最先学习与人交际的机会，就是和父母吃饭、外出、到游戏场玩游戏、阅读等。因此，父母必须建立良好的社会行为规范，不要老是当心胸宽大的父母，当你和孩子玩游戏时，也不要老是让他赢。鼓励孩子分享、遵守规则，说“请”和“谢谢”。以有趣的方式和孩子聊天，协助孩子发展会话技巧，交谈中要不着痕迹地推演孩子遭遇社交问题时的解决方式。当有较多的机会和其他小孩相处时，例如：大家庭、游戏团体、邻居或托儿所，这些经验有助于孩子早点学会社会化。此外，你也要经常带孩子到住家附近的游戏场游玩。

★从一对一开始：

对年幼的孩子来说，一对一交往比较不会有压力。若孩子在较大的群体中，有适应上的困难时，就先安排他进行一对一的游戏。让孩子和一个兴趣相投的小朋友一起玩耍，但时间不要太长，并事先为他们安排好游戏。切记，千万不要强迫安排玩伴或游戏约会，这样可能会遭到孩子的反弹。

★别期望建立亲密关系：

在孩子习惯和一群人一起玩之前，他和玩伴之间的互动是平行的，也就是同在一个团体里，但各玩各的。但若仔细观察，你就会发现这种平行玩法中已有互动的征兆。当他们看似专注在自己的游戏中而大声自言自语时，他们其实都察觉到别人的存在，而且会偷偷观察、模仿其他的小朋友，只要再经过一段时间，他们的互动就会愈来愈明显。

★鼓励分工合作的游戏：

例如：堆积木、捉迷藏、玩球、扮过家家、伦敦铁桥等类型游戏，都能让孩子有密切的互动，并帮助孩子培养友谊。

★询求协助但不施压：

若孩子在幼儿园或托儿所内无法融入其他孩子的游戏，可以请老师帮忙。老师可以安排较活泼的孩子带领你的孩子进入团体，同伴带领的效果会比老师好。不论孩子做得好或不好，都不要给他压力。压力愈大孩子愈不容易交到朋友且会导致他们更加反社会。

十、被宠坏的小皇帝

32 走没两步就要人背

母亲："我儿子在学会走路时，不论到哪里都想自己走。现在他三岁多了，能跑能跳，却反而经常要人家背。这样不仅弄痛了我的背，我也担心他会变得太依赖。"

教养诊疗室

当孩子跨出人生的第一步时，走路对他而言，是一件很新奇的事，他觉得他终于可以摆脱娃娃车和大人的手臂，以后他就可以到处逛了。他第一次尝到"独立"的新鲜滋味，能够当个独立移动的个体，这件事实在太令他兴奋了，因此，他积极地踏出他的步伐，而每踏出一步，都让他感到骄傲及成就感。

只是当这股新鲜感渐渐消失后，孩子会发现，走路开始成为一种无法逃避的责任与压力，而且常常要被迫去做这件事。于是他开始抗拒走路，他认为："他们希望我走路，一定是他们不想要抱我。我如果自己走路，他们和我就不再那么亲密了"。

对很多幼儿的而言，"靠自己"与"与父母分离"的矛盾情绪，可能使他抗拒走路，想依附在父母身上享受亲密的关系。父母可以试着利用下列建议，协助孩子再度自行走路。

★让走路成为一种愉快的活动：

即便只是出门办一些杂事，在前往办事处所的过程中，也可以加入一些乐趣，让走路变成一项愉快的活动。例如：可以和孩子玩踩人行道上红色砖块的游戏，或唱托儿所最新教的歌曲，或指出路上有趣的景色等，通常可以让孩子的注意力不会一直集中在走路这件事情上。如果孩子被路边的东西吸引而停下脚步研究时，不要阻止他，让他好好探索。

★请孩子充当你的助手：

幼儿很喜欢充当帮手，因为这会让他很有成就感。当你们走到市场买东西时，可以请孩子帮忙把东西放进篮子里；买完东西回家的路上，可以让他帮忙提一小袋轻轻的东西，同时父母还要一再赞美及感谢他，告诉他若缺少他的帮忙，你就无法把那么多东西拿回家。

★蹲下来，和孩子一样高：

有时候幼儿抗拒走路的原因是挫折感所导致。因为当他走在路上时，他发现周围的人都那么高大，而自己却如此矮小。这时父母可以利用等红灯的时间、在商店前、在人行道上的机会，蹲到与孩子一样的高度和他谈话、拥抱他或呵他痒。这些小小的动作也同时可以达到分散孩子注意力的效果，使他不致因腿酸而吵着要人抱。

★不要催促或强迫孩子：

试想，孩子可能要跨两三步才能赶上你的一步，这也就表示，走完同样一段路，孩子需要花费的时间或步伐是你的两至三倍，换成你是他，你应该会觉得很累吧！因此，要对孩子抱持合理的期待，如果他想要休息，就让他休息一下。

如果他最后还是不肯走，就考虑选择大众交通工具。记住，在这个时刻，孩子绝对占优势。毕竟你不能逼他走路。如果距离家里还有一段距离，而孩子已经走不动或不肯走了，附近又没有公车可搭的情况下，不妨试着与孩子约定："你走到下一个路口，我再背你到下下一个路口。"两人互换直到回家。

★赞美孩子双脚的努力：

要不停地称赞孩子的努力走路，以强化他走路的意愿。即使是很短的距离，也要记得恭喜他，并告诉他他长大了，走路是大孩子才有办法做到的，被抱在怀里或坐在娃娃车里的小婴儿可是无法做到。

★不要批评孩子的失败：

如果孩子真的不想走或走不动了，最后要你抱或坐推车时，不要嘲笑他像长不大的小婴儿，也不要告诉他，你现在正抱着一个小婴儿，或双手拿着很多东西，无法抱他。这样只会激起孩子的嫉妒和不平的心理。

33 什么都要的小孩

母亲甲：“最近半年来，每次只要带儿子到任何商店，他就会不停地要求我买东西给他，若我不买给他，他就会大哭大闹，甚至赖在地上不起来。他显然变得可怕极了，什么都要。难道是我们宠坏他了吗?”

母亲乙：“四岁的女儿经常会一时兴起地跟我们要求东西，例如：有一次她要我们带她去海边玩，但当时外面正下着大雨。还有一次，她要求我们买一只小狗给她，可是我们的公寓根本没有足够的空间养宠物。每当欲望没得到满足时，她就会大发脾气。”

教养诊疗室

虽然幼儿也许知道他不可能要什么就有什么，但这并不能阻止大多数幼儿不停提出要求。虽然并不是所有幼儿都如此，但它却是十分普遍的现象。这是一种心理需求的特质，就有如“打包鼠”症候群一样，想要拥有所有的东西，以突显自己的重要性。

麻烦的是，管理幼儿情绪的是他的心情，而不是你告诉他的道理。当他的心里闪过任何念头时，完全不管可不可行，便会冲动地立刻提出要求。这是幼儿天真可爱的地方，但却是对父母的一种挑战。

有些幼儿在得不到想要的东西时，不仅会生气，而且还会报复。他可能会大吼大叫、躺在地上耍赖不起来、摔东西，或来个令人厌烦的哭闹，但不论孩子使用何种招式，都会使你怀疑拒绝他的要求是否正确。其实，大多数时候，拒绝满足孩子的要求是正确的，因为幼儿一时心血来潮的念头，不仅不切实际，也不符合他的最佳利益，而且他可能过不了一个小时，就把这件事忘光了。

总之，不论是“打包鼠”心态或一时兴起的行为，它们会不会随着孩子的成长而自然消失，或发展成日后不健康的贪婪及物质取向，并深信拥有物质才会快乐的错误观念，就看父母如何回应了。

★满足孩子并不能换到爱：

对孩子的任何要求都来者不拒，长久而言，并不能赢得孩子任何额外的感情，但却会助长孩子的贪婪且强化其物欲，再者，再多的礼物也无法取代父母对孩子的关心。若你仔细观察就会发现，再多的物质都不一定会让孩子感觉被疼爱与快乐，但获得最多关注及尊重的孩子却会感觉被疼爱与快乐。所以给孩子温暖的拥抱，而不是“冷冷”的礼物，以此表示你的关爱。

★不要让步，也不必感到愧疚：

填满孩子的物质欲望，并无法取代你对他的关注与花时间陪伴他，有时甚至会导致反效果。在孩子内心深处，当他们被收买时，即便是幼儿也知道。因此，即使他可能会抱怨你“小气”，但为了孩子好，你还是得让他面对现实世界中没有人可以得到一切的事实。也许孩子一时的伤心表情会令你感到愧疚，但你同样也得学会面对现实，心软只会把孩子宠上天。

★减少孩子提出要求的机会：

如果可以，你就利用孩子在上学、在别人家玩、家里有其他大人照顾或和保姆在一起时，再上街采购东西。当不得不带孩子一起采购时，试着在他不累、不饿、不过度兴奋或愤怒时才出发。在走进商店前，和孩子言明你只买鞋子、手套或烤面包机，所以你只会到这些区域挑选东西。不要跟他说你不买玩具，这样等于在提醒他应该要买玩具才对。此外，你可以请他帮你挑选样式，让他不会因为无聊而想东想西。

★让步，让孩子自食恶果：

当孩子的脑袋里冒出的怪念头是无害时，例如：大热天想要穿外套，那就让步吧！省得又要展开一场无谓的战争，而当他汗流浃背要求“脱掉外套”时，不要以胜利的姿态对他说“我早就告诉你了”这种话。让他体验自己那些不合理的想法而自食恶果后，他下一次就会学乖了。所以父母可以在无害的情况下让步，但绝不能因为孩子生气而让步，否则只会造成恶性循环的下场。

★为孩子画“不”的底线：

如果孩子在天寒地冻的天气里要求穿凉鞋出门，你就直接拒绝他，但要向他解释原因。大多数的成人偶尔会有一些怪念头，但我们通常知道底线在哪里。现在为孩子画底线可以帮助他日后为自己画底线。

34 什么都不缺的小孩

母亲：“我儿子在两边的家庭都是长孙，因此非常受宠。他拥有每个小孩子想要的每一样东西，什么都不缺，而我们也从不跟他说‘不’。虽然他一直都很乖，不会哭闹或发脾气，但我们很担心这样是不是会宠坏他，使他变坏。”

在亲职关系中，很明显地，“不”这个字对父母而言，占有极重要的地位。“不可以拿刀子”、“不可以碰热炉子”、“不可以再吃冰淇淋了”、“不可以抢别人的玩具”、“不可以打人”……永远有叮咛不完的“不可以”。

明智地使用“不”字是很重要的，尤其当状况与幼儿的健康、安全或公平有关时。正确地对幼儿说“不”，才能教养出一个拥有关怀、负责人格的人。

尽管如此，但少说一些“不”，并不表示孩子就会被宠

坏。事实上，就上述的案例而言，并不像父母正在制造一个坏胚子。一般而言，过度溺爱或错误方式宠爱下的孩子，都会显露出一些征兆，而从案例中，孩子并未显示出任何被宠坏的倾向。当然，未来在孩子的物质需求上，父母得更注意地处理。

★不要因错误的理由说“好”：

只要父母有能力做到，可以完全满足孩子所有合理的要求，这并不是一件错误的事情。但千万不要为了错误理由而对孩子让步，这些理由包括：让孩子快乐、避免亲子冲突、满足自己童年时未满足的期望。若是为了这些错误的理由而满足孩子，不仅孩子无法感受到乐趣，也会制造出一个“物欲怪兽”，而且永远不知该如何减低他的需求。尤其当孩子到了青春期，问题可能会变得更严重。

★只要理由正当，就果决说“不”：

毫不迟疑、断然地对孩子说“不”，也许会令他感到很困惑，还会伤害他的自尊心。但只要理由正当，就应该断然、果决地说“不”，例如：他想买一个玩具超人，但家里已经有好几个了；他想要一辆儿童脚踏车，但他还太小不适合骑车；他想要一架秋千，但你们家没有院子等要求，你都可以毫不考虑地拒绝。而不是因为你最近都没有拒绝他，而决定对他说“不”。

★除了说“不”，还要说“为什么”：

除非时间非常紧迫，例如：孩子正冲向车水马龙的马路，否则拒绝孩子的要求时，不要只对他说“不”，同时也要说“为什么”。虽然孩子不一定了解或接受你的解释，但只要你的说明简单，并在孩子理解的范围内，他终究会明白你的重点为何。例如：当孩子要求买一只价格昂贵的大象布偶时，你无须对他解释你的财务状况，只要解释：“那只大象布偶太贵了，我知道你想要它，但我们需要钱买吃的东西和衣服，不能通通花在玩具上”。

★多一点点就太多了：

尽管什么都不缺的孩子不一定会被宠坏，但拥有太多不需要的东西的孩子，却往往会变得不知所措，不知该拿那些多的玩具怎么办；或对太多的玩具感到厌倦，视之为垃圾，以致对物质不珍惜。对孩子的长期过度溺爱，会使孩子无法接受别人的拒绝，并且会因为遭到拒绝而生气、流泪或打人，最后就变成被宠坏的孩子。

★爱胜于一切物质：

“爱”是每个人可以随时付出与收到的最重要礼物，不需要花任何金钱，只要孩子得到充分的爱，并开始学习回馈，父母就不必担心会宠坏孩子的问题了。

35 霸道又喜欢使唤别人

母亲甲：“我女儿才四岁，却像个女王一样喜欢使唤我们夫妻帮她做事，而且一定要依照她的方法做，但我知道她其实有能力自己做到。”

母亲乙：“每次我儿子和他的某个朋友一起玩时，他总是把对方当成小弟一样使唤。虽然那个小孩似乎不介意，但我们很在意。我担心霸道的个性会让他以后不受欢迎。”

教养诊疗室

父母遇到上述类似情况，不必过度紧张，这种小皇帝、小女王的王室情绪，在二至四岁间的小孩身上是很常见的，不该以此预测其未来会演变成暴虐的性格，说穿了，它只不过是幼儿自我中心的另一种表现罢了。所有的幼儿都自以为是世上最重要的人，当然你的孩子也不例外，所以他很自然就会要求父母一切都得按照他的意思做，同时他也很自然地想从父母的手中夺回一些属于自己的控制权。简单地说，孩子到处使唤父母的行为，其实就是他夺取控制权的机会。

另外有一些幼儿，他们不会对父母发号施令，但会对同伴进行权力游戏。尤其当他遇到有个玩伴可以让他进行权力游戏时，他就会玩得不亦乐乎，包括：选择游戏的种类、制定游戏的规则以及每个参与者个别扮演的角色等，全都要听他这个导演的指挥。

幼儿之所以喜欢对别人发号施令，其原因包括：

无力感：有些幼儿会以霸道、权威的方式对待同伴，借此弥补自己所缺乏的权力。例如：当他在家中一直扮演被使唤者的角色时，那么他对同伴发号施令，便有助于弥补大人及兄姐对他的使唤。

- 缺乏社交技巧：有些孩子在与同龄的小朋友相处时，因不知该如何应对进退，最后往往选择对他来说比较容易表现的方式——霸道。

- 自我中心：几乎所有的幼儿都是以自我为中心，他们还不了解世界并不是绕着他们运行，也不了解别人也有权利，所以指挥别人也就成为理所当然的事。

- 天生气质：有些孩子天生就显得比较霸气、具领袖气质，而孩子早期发号施令的行为，经常会被视为此一倾向的表现。

不论孩子发号施令行为背后的原因为何，你都不能命令或用外力改变，如果那不是孩子的天生气质，那么这种现象只会持续短暂时间，如果是先天气质，则会持续一辈子。但不论是不是天生气质，父母都要培养孩子的自尊，教导孩子社交技巧及礼仪，鼓励孩子与他人互相轮替、分享、合作，对别人要有同理心，以期将一个爱发号施令的幼儿，变成未来有领导力的人，而不是霸道的人。

随着孩子的年纪渐长，他会开始体认到世界并非以他为主，也更有能力控制、选择一些事情时，孩子的霸道就会慢慢缓和，尽管他还是会使唤父母，但只要父母用对方法，孩子就可能比较不会那么爱发号施令。

★希望孩子怎么对待你，你就怎么对待他：

如果你希望孩子不要动不动就使唤你帮他做事，就要先检讨自己是否也经常指挥他做事，同时要确定你加诸孩子身上的规矩与期望，是否适龄且不过分。

★给孩子适度的关注：

孩子喜欢对父母发号施令的行为，也可能代表着他想要父母更多的陪伴，对此，父母可能得仔细思考自己是否做到。当孩子要求你“念故事”或“吃饼干、喝果汁”时，你是否迅速响应，或你经常会一再拖延，当你无法立即响应孩子的要求时，是否对他解释你行为背后的原因，并让他知道你何时可以完成其要求？

★不要受孩子控制：

当孩子使唤你的口气粗鲁时，不要回应他。告诉孩子在要求别人帮忙时，要有礼貌地说“请”。当孩子的要求太过分时，用平静的方式让他了解，并不是他的任何要求你都必须帮他完成。

★给孩子一些控制权：

有些事情可以让孩子进行选择时，就尽量把选择权留给他，这样他会觉得较能控制自己的环境，比较不会觉得自己缺乏权力。

★让孩子分担一些责任：

可以分派一些孩子能掌握的简单工作，而当他要求你帮他做一些他能力所及的事时，例如：收拾玩具、把书本放回书架上等，你必须拒绝他，并告诉他，你会为他做很多事，不过有些事情他可以自己做。但若是为了改掉孩子的霸道行为，而突然不再为他做任何事，那样只会增加他的挫折，甚至令他变得更霸道。

36 在校平静，在家狂野

母亲甲：“托儿所的老师说我儿子在学校时很听话，也和同学相处得很愉快，他从不觉得我儿子有什么问题。但只要他放学回到家里，就变得很狂野，有时还会捶打墙壁，这到底是怎么一回事？”

母亲乙：“每天下午，我下班到托儿所接女儿回家后，她就开始吵闹。她变得好动、脾气暴躁、不容易相处，和在学校时判若两人。我每天都害怕这个时刻的来临。”

教养诊疗室

“在校平静，在家狂野”，这应该是很多幼儿的生活写照。由于他们在学校里当了一整天的模范生、好孩子，回到家后，当然要好好解放一下。这种放学后的解放行为，通常不是因为父母无法控制孩子，或是因为孩子缺乏自我控制能力所引起。导致孩子放学回家后变得狂野的原因包括：

一时无法调适：调适对幼儿来说，是很困难的一项任务，要他在一时之间从学校的节奏调适为在家里的节奏，可能会有点困难。

学校是有计划的生活：孩子到了学校后，学校就已经为他计划了一整天的行程，帮助孩子集中精力在学习知识、技艺与人际关系；而回到相对没有什么计划的家里，他不必学习一大堆东西，再加上这是让他最可以放松的地方，所以就变得很松散。

一时难以适应家中安静气氛：由于家里的气氛比起学校安静许多，使得孩子在经历一天的兴奋活动后，回到家中仍无法解除白天的兴奋情绪。

家提供足够的安全感：最重要的原因可能是，孩子在家中可以完全放松，能够自在地任意而为，因为他知道不论他闯下多大的祸，家人还是爱他，而这种安全感是他在学校感受不到的。在漫长地当了一天的好孩子后，回到家里可真是一种解脱！

站在正向乐观的角度来看，让孩子在家中而不是学校表现出其狂野的一面，反而可以让父母比较放心。例如：你不会接到愤怒的家长电话，说他的小孩和你的孩子在学校吵架，此外，老师与家长间的会议也会比较愉快。但如果你的孩子在家里已经狂野到难以控制，就应该适时引导他把旺盛的精力发泄出来。

★放学后别急着带孩子回家：

到学校接孩子时，不要急着带他回家。不妨请他告诉你，他今天在学校都做些什么，要他把他今天完成的杰作给你看；并利用一些时间和他讨论他的作品，称赞他的艺术画作、他完成的拼图或剪贴。如果孩子的老师不反对，你可以在教室里多留一会儿，和孩子一起坐下来，念一本简短的故事书给他听，或许可以建立学校和家里之间的桥梁，帮助孩子顺利调适、转换学校与家里的不同节奏。在回家的路上，和孩子讨论接下来要做的事，或明天学校里有什么活动等。

★带个接孩子回家的零食：

幼儿的肚子和大人或较大的孩子不一样，他无法忍到等做好晚餐再吃，如果没有立刻帮他填饱肚子，他的脾气就会变得很暴躁。因此，在接孩子放学时，准备一些孩子喜欢吃的零食，让他在回家的路上吃，可以让你们在回到家时免除一场战争。

★顺道旅游，消耗孩子的精力：

如果孩子肚子不饿，或已经吃过你帮他准备的零食，你可以在回家的路上顺道带他到游乐场玩一下，让他发泄剩余的精力，这样回家后就不需再发泄了。

十一、“性”趣无穷

37 我的小鸡鸡会不会不见？

母亲甲：“有一次当我在帮刚出生不久的女儿换尿布时，儿子发现小妹妹竟然没有小鸡鸡。从那之后，他便开始害怕自己的小鸡鸡会不见。”

母亲乙：“先前带女儿到朋友家看他们新生的小男婴，当女儿看到朋友帮小男婴换尿布时，她突然对他的阴茎感到十分好奇，还纳闷自己为什么没有。”

父亲：“儿子在和我一起洗过几次澡后，就变得有些沮丧，因为他发现他的阴茎比我小很多。我真不知道该如何向他解释才能化解这种尴尬。”

教养诊疗室

所有的小男孩都会担心自己的小鸡鸡不见，而所有的小女孩都会怀疑自己为何没有小鸡鸡，这种焦虑与好奇是再常见也不过的现象。然而，这种问题也是许多父母不知如何应付的尴尬问题。其实，父母大可不必感到尴尬或难以启齿，因为当你面对“性”的态度不够成熟、健康时，就无法教导孩子正确的性知识。

不论小男孩或小女孩，要解除他们焦虑、疑惑与好奇的

唯一办法，就是拥有权，拥有他们所没有的东西，包括：玩具、饼干、在沙地玩的位置以及身体器官。当小女孩发现身体器官中居然出现“有”与“没有”的区别，她当然会为这种不平等深感困扰与好奇。

以下几项建议可以帮助父母较轻松应付幼儿对阳具焦虑与好奇的问题。

育儿小贴士

★帮孩子上一堂生理课：

对于患有阳具焦虑的小男孩而言，只要你帮他上一堂简单且清楚的生理课，他的恐惧马上会烟消云散。你只需告诉他，每个小男孩天生就有阴茎，而且永远不会消失不见；而每个小女孩天生就有阴道，也是永远不会消失。如果你担心无法解释清楚，可以准备一本简单、适合儿童阅读的人体构造书籍，内容包含男孩与女孩、男人与女人的基本性别差异，这可以帮助你更清楚地对儿子解释，并厘清他的疑虑。

★告诉孩子实话：

当儿子为了他的阴茎比爸爸小而感到沮丧时，就诚实地告诉他，因为他只是小男孩而已，所以阴茎小。就像他的手、脚、腿、手臂、鼻子、嘴巴也都比较小一样，并带他一道在镜子中观察他和爸爸的鼻子、牙齿的大小尺寸。同时比较他和爸爸的脚的尺寸、手指长短和手的大小。并告诉他，等到他长大以后，他的阴茎也会长大，到时候就会和爸爸的一样。

★别太早帮孩子上性教育课程：

每个年幼的孩子都会对性器官感到好奇，女儿迟早也会问为什么她没有阳具。但是这个时候还不是口沫横飞地灌输他们性知识的时候。在孩子还未提出这类问题之前，都还没有必要主动对他们谈论这项问题，但问题一旦来临时，父母就得做好周全的准备。目前这个时刻，父母所要做的就是安抚孩子的恐惧，并举出一些关键事实让女儿明白，她为何没有阳具。告诉她，只要是男生，像爸爸、爷爷、哥哥或弟弟都有阴茎；而只要是女生，像妈妈、奶奶或其他女生，都有阴道。因为男生和女生本来就不一样，你还可以利用图片进一步辅助你的解释。

38 撞见大人正在做爱

母亲：“有天深夜，儿子睡到一半醒来后，便走进我们的房间，当时我们正在做爱。我们一开始没注意到他，也不知道他在那里站了多久，我们猜想他一定是看到我们在做什么，这会不会对他造成伤害？”

教养诊疗室

有些发乎自然的情感可以在孩子面前表现出来，但并不是全部。夫妻间的适度亲热有助于提升孩子的安全感；但过度热情、隐私的行为，却不适合在孩子面前上演，它们不但无法帮助孩子在情感上正常发展，还会让他受到惊吓。

事实上，让孩子看到父母之间的亲密情感，就等于是以具体的方式教导孩子什么是"爱"。例如：父母经常公开且自在地搂抱、牵手、亲吻、在沙发上相依、自然且毫不犹豫地说"我爱你"等亲密动作，都可以增加孩子的安全感，同时也为孩子立下重要的典范，让他日后在两性关系上有健康的方向可依循。

尽管如此，有些行为仍要非常小心。在幼儿面前完全失去控制，亲密举动演变成火热的亲热行为、小小的亲吻变成热吻、相依偎变成了爱抚，这些举动都会令年幼的孩子感到困惑甚至惊吓。尤其任何年纪的小孩都不适合看到父母做爱，任何使你觉得不自在的公开表达都可能不适合。

孩子在深夜里撞见父母正在做爱，可能不会对他造成伤害，他可能不知道父母在做什么，甚至可能因为太困，睡眼惺忪而未注意到任何事情。如果孩子的表情看起来似乎被这个景象惊吓到，那很可能是因为他以为你们是在伤害彼此而心生恐惧。对一个幼儿来说，他并不知道你们之间发生了什么事，但做爱的姿势在他看来却像是攻击行为，而父母做爱时所发出的声音，在他听起来也许是痛苦的呻吟而不是快乐。

撞见父母两人的亲热动作，可能会使孩子不安，且对夫妻间的生活无益。所以父母在做爱时，最好房门要上锁，如果房门没有锁，不妨考虑装一个。不过大多数的幼儿很快就会忘记这些意外，尤其在他们还很小的时候，但如果孩子日后想讨论这件事，就和他谈谈，在其年龄能理解的范围内，回答他任何问题。

★安抚孩子的惊吓：

如果孩子被父母看似伤害彼此的动作吓到，并询问父母是不是在打架，要向他保证你们不是在打架，你们并没有伤害彼此，而是用父母间特别的方式在拥抱、亲吻及爱对方。除非他问到，否则不要解释得太复杂。

★要求孩子给你们隐私：

如果有一天，你们的热情使你们忘了关上房门或锁门，而孩子又撞见了你们在做爱时，要保持冷静。告诉他，你们需要一点隐私，请他先在外面等一会儿，然后赶快穿上衣服，平静地带他回他的房间，不要让他觉得焦虑、尴尬或愧疚。他没做错什么事，你们也没有。

★不要在情急下对孩子吼叫：

当你发现他不知何时进入你们的房间，并撞见你们在做爱时，不要因为一时情急或尴尬而对他大声吼叫或赶他出去，而应该向他道歉，并解释他突然出现在你们房间，使你们感到惊讶，并且有一点惊吓。

39 喜欢探索私处

母亲甲：“我女儿现在两岁多了，自从她不再穿尿布以后，只要一有机会，她就会把手放到裤子里。我知道对幼儿来说，这是正常的现象，但我就是感到很困扰，尤其当她在公共场所这样做时。”

母亲乙：“前几天我无意间发现儿子在玩弄他的阴茎，还突然问我，为什么当他那么做时，它就会变大。我还真不知要如何向他解释。”

母亲丙：“我的一个朋友最近发现，她那三岁半的儿子不知从什么时候开始，会在房间内和玩伴互看对方的阴茎。如果这种事发生在我儿子和他的玩伴身上，我真不知该怎么办？”

如果幼儿对周遭的事情不会充满好奇，不会追根究底地问“为什么”，那么他们就不是幼儿了。更不用提当他发现某个与自己如此亲近的东西时，其讶异与好奇的程度了。

不论是小男孩或小女孩，由于在学会上厕所之前，他们的私处都被尿布包着，所以触摸不到，在摆脱尿布改穿裤子后，它们变得容易碰触。对幼儿而言，任何探索都是正常的行为。因此，当小女孩在探索自己的私处时，她的态度就与她探索自己的手指、脚趾、肚脐及耳朵一样的无邪。

当强烈的好奇心促使小女孩开始探索自己的私处时，她通常会发觉碰触私处的感觉很奇妙，而这样的感觉使得她忍不住一再地把手伸到自己的阴处。在大人看来会觉得这个动作像手淫，但对幼儿来说并非如此，包括小男孩碰触自己的阴茎也是如此。这种碰触的感觉是愉快而不是性。

如果父母整天跟在孩子身后，要他把手拿出来，不准碰触私处，只会使得这项举动更吸引孩子，同时也会令孩子觉得，他所发现的愉快感觉是肮脏、邪恶，而不是正常且健康的。

当家中的小女孩喜欢探索自己的私处时，你该如何应对？如果是在家里，就忽视它。但如果你发现她在游戏团体中或和玩伴在一起时，仍老是把手放在裤子里，那么你就必须试着诱导她玩其他动手的活动，同时想其他的解决方法。

总之，在公共场所碰触自己的私处，无论如何是不应该被允许，更不能被鼓励。这并不表示孩子的行为有什么错，只是在公共场所的确很不合宜，除了可能引来其他家长的批评外，也会引起一些恋童癖者产生冲动，以致发生危险。因此，父母最好尽早教导女儿分辨“隐私”及“公开”，以及哪些事情可以在公共场所进行，哪些事情不可以。

至于小男孩好奇自己的阴茎为何会变大，父母也该据实回答。幼儿所提出的任何问题，他都有权得到诚实的响应，包括：这个阴茎变大的问题。但诚实不表示父母必须给予医学或性方面完整的答案，这种完整且专业的解释，并非幼童所能理解，而且可能还会吓到他。父母只要告诉他，阴茎中某个物质会在碰触后变大，而且阴茎是隐私的，所以他只能在独处时碰触它，而且除了爸妈帮他洗澡或医生为他检查以外，绝对不可以随便让人看或碰触。

幼儿喜欢探索私处的行为是暂时的，一旦有新的挑战吸引他们的注意力时，他们自然就慢慢不再对私处那么好奇。事实上，幼儿四至五岁时，大概就对私处不再感兴趣了，许多五六岁的孩童还对自己的私处特别隐秘。如果孩子的手又伸进裤子里了，就移开视线，而且不要批评孩子的举动。

育儿小贴士

★悄悄提醒孩子：

如果孩子在外面忘了父母的警告，又不自觉地把手伸进裤子里时，父母要悄悄地提醒他，并抓住他的手按一下，使他分心，同时称赞他："你现在已经长大了，要保护自己的隐私，你可以等我们回家后再做"。

★因忍尿而用手压阴部：

有些小孩在玩游戏中途一时尿急，却又不想中断游戏上厕所，便会用手压住阴部，试图忍住尿意。如果父母察觉孩子压住阴部似乎与大小便有关，并看到孩子的手在阴部游移时，就问他是不是想上厕所。

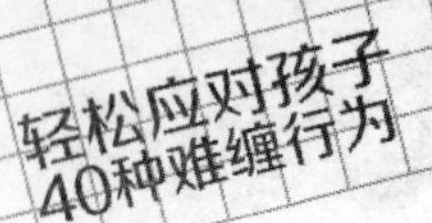

★过于沉溺于阴部的碰触：

有少数幼儿会在醒着的大部分时间里，频繁地用手指碰触自己的阴部，就像其他会干扰到孩子每日作息的安抚性习惯一样，这种行为可能导因于恐惧或焦虑，也许与生活中其他的压力有关，例如：弟弟或妹妹的诞生、搬新家、开始上托儿所、父母开始上班等。如果孩子过度沉溺于阴部的碰触，就应该请教医师。

★过于沉溺于阴茎的碰触：

如果孩子对别人的阴茎有过度的兴趣，或非常喜欢与玩伴互玩阴茎，就应该让医生知道这种情形。有时候，这种对阴茎有高度兴趣的行为是性虐待的征兆。

40 宝宝是从哪里来的

母亲：“自从告诉儿子不久后我们将有另一个宝宝后，他就开始对‘宝宝是怎么来的’这项问题充满兴趣。他经常问我们这个问题，但至今我们都还未回答他，因为实在不知要如何回答。”

现今专家们都同意，不论孩子的年纪有多小，都需要知

道有关繁殖问题的实际答案。如果他们已经大到懂得提出问题，他们就有能力可以接受直接的答案，当然，这个答案必须是他们的年龄所能理解的。

只是如今的生命事实已经比以往变得复杂许多，而且更难向好奇的孩子解释。现在的社会，生儿育女已不再局限于一个男人和一个女人才行得通，也可以是一个女人加上一个精子捐赠者；而现在的生产方式也不再一定得经由阴道，愈来愈多的宝宝是从妈妈的小腹生出来的。

日益复杂的生命繁衍形式，已经超越幼儿的知识范围，只能等到孩子大到有能力消化，并成熟到可以理解时，再告诉他们。当孩子询问"宝宝是怎么来的"或"我是怎么来的"时，最好还是告诉他有关繁衍的基础观念，而不要涉入个人生育孩子的特殊情况。例如：解释"大多数的小孩都从妈妈的产道生出来的"，就可满足一个剖腹生出的幼儿有关生产过程的问题，而不必以开肠剖腹的细节惊吓他。

对于"宝宝是怎么来的"这项问题，在此我们还是以传统的繁衍过程引导孩子对于生命来源的认识。

★不要逃避或敷衍问题：

当孩子问你"宝宝是怎么来的"或"我是怎么来的"时，不要忽视他的问题，也不要敷衍地对他说"等你长大，你自然就会知道"或"等你长大后，我再告诉你"或"去问你妈妈

(爸爸)”。这样的解释只会令孩子觉得生小宝宝是一件可耻的事，或是他的好奇心很可耻。如果你对讨论这个话题感到困窘、开不了口，也不用担心，因为很多父母都和你一样。尽量不要让孩子感受到你的焦虑，但如果他已经察觉，也不要担心。你的焦虑最好和事实一起传达给孩子，不要只传达焦虑。

★直接且诚实地回答孩子：

对于所有与新生宝宝有关的生理机能，幼儿都会感到好奇，而直接且正确的讯息，则可满足孩子的好奇心。如果父母对这项问题总是闪闪躲躲，反而会使幼儿更好奇。别为了闪躲问题，而以“你是垃圾桶里捡回来的”、“你是石头里蹦出来的”这种传统说辞响应孩子，那只会让他更困惑，而且等他日后知道事实时，可能会对父母的信任产生动摇。如果父母希望孩子能够继续对我们诚实，必须一开始就对他诚实。

★依孩子的理解能力来告诉他：

一个简单而明确的解释已能令孩子满足，孩子无法理解过于冗长、复杂的答案。不要用比喻的方式向孩子解释，那只会让他愈听愈混淆，而要直接以父母与小宝宝为主角。如果你不知如何提供一个满意的答案，试试下面的解释方式来告诉孩子：“我们一起到图书馆里找一本婴儿是怎么生出来的书，然后一起读”。父母要切记的是，孩子问的并不是“性”，而是“繁殖”，是关于“宝宝是怎么生出来的”的问题。所以不要给方向错误的答案。

★给孩子正确的名词：

不要用过度修饰的说法来形容身体的部位，那会让孩子日后无法正确认知生理构造。直接使用阴茎、阴道、子宫、卵子、精子等名词，再搭配各个繁殖器官的图片。最好也给孩子看一些母亲怀他时的相片，然后是他刚出生与婴儿时期的相片，这会使孩子对整个过程多一些了解。

★别回答问题以外的答案：

只回答孩子所问的问题。如果他问小宝宝在哪里，就告诉他在"子宫"里，那是一个小婴儿成长的特殊地方，千万别跟他说在"肚子"里，因为他会把它和吃东西联想在一起。对孩子解释，小婴儿在子宫里一天天长大，妈妈的肚子就会愈变愈大，同时让孩子看适合幼儿看的书，胚胎在子宫内成长的图片。如果他问宝宝要怎么生出来，就告诉他，大多数的婴儿是从妈妈的阴道生出来的。如果他问宝宝要怎么放进子宫里，就回答他："妈妈和爸爸很相爱，也非常爱你，所以想再生一个宝宝。因此，爸爸把他的精子放入妈妈的体内。而精子和一个小小的卵子结合，称为受精卵，它会在妈妈的肚子内长成一个小婴儿"。

★只解释生物学的部分：

只解释过程中生物学的部分，避开性的部分。如果孩子问要怎么把精子植入妈妈体内，只要说"经由阴道"，这样就已经足够。如果孩子还是坚持要知道怎么做，就说"爸爸经由他的阴茎把精子放到妈妈的阴道中，精子遇到卵子，小宝宝就开始生长"。

其实，大多数的幼儿对这个过程没有太大的兴趣，他们比较想知道的是，小宝宝在肚子里面都在做什么？怎么吃东西？怎么呼吸？对此，父母只要简单地解释，小宝宝经由连接肚脐的脐带获得必要的一切即可。

图书在版编目（CIP）数据

轻松应对孩子40种难缠行为 / 许育成著. -- 长沙:
湖南科学技术出版社，2014.12
ISBN 978-7-5357-8232-8
Ⅰ. ①轻… Ⅱ. ①许… Ⅲ. ①家庭教育 Ⅳ. ①G78
中国版本图书馆CIP数据核字(2014)第130111号

项目合作：锐拓传媒 copyright@rightol.com

轻松应对孩子40种难缠行为

著　　者：许育成
责任编辑：汤伟武
出版发行：湖南科学技术出版社
社　　址：长沙市湘雅路276号
网　　址：http://www.hnstp.com
湖南科学技术出版社天猫旗舰店网址：
http://hnkjcbs.tmall.com
邮购联系：本社直销科 0731-84375808
印　　刷：衡阳顺地印务有限公司
（印装质量问题请直接与本厂联系）
厂　　址：湖南省衡阳市雁峰区园艺村9号
邮　　编：421008
出版日期：2014年12月第1版第1次
开　　本：880mm×1230mm 1/32
印　　张：5
字　　数：92000
书　　号：ISBN 978-7-5357-8232-8
定　　价：28.00元